BÉRÉZINA

Paris. — Typographie de Gaittet et Cie, rue Gît-le Cœur, 7.

BÉRÉZINA

PAR M. CHAPUIS

CAPITAINE DE GRENADIERS A L'ANCIEN 85e DE LIGNE

Ex-colonel de la 4e légion (Garde nationale de Paris)

PARIS

LIBRAIRIE MILITAIRE, MARITIME ET POLYTECHNIQUE

DE J. CORRÉARD

Libraire-éditeur et libraire-commissionnaire

RUE SAINT-ANDRÉ-DES-ARTS, 58

1857

CAMPAGNE DE 1812 EN RUSSIE.

BÉRÉZINA,

PAR M. CHAPUIS,

CAPITAINE DE GRENADIERS A L'ANCIEN 85ᵉ DE LIGNE ,

Ex-colonel de la 4ᵉ légion (Garde nationale de Paris).

BÉRÉZINA!.. Quand ce nom frappe les yeux de ceux qui existent encore et qui ont combattu dans ce drame terrible, ils pensent aussitôt aux journées des 27 et 28 novembre 1812, à ces journées où les hommes restés sous les drapeaux firent tout ce qu'il est donné à la puissance humaine de faire, et où ils se couvrirent on peut dire d'une gloire immortelle sans être taxé d'exagération, car plus on s'éloigne de cette époque, plus on a de la peine à y croire, tant elle paraît fabuleuse, même à ceux qu'elle a eus pour témoins et acteurs.

En effet, peut-il en être autrement quand on songe à la position critique où était l'armée? Entourée d'ennemis cinq fois plus nombreux, elle se trouvait en face d'un obstacle formidable que nos héros pouvaient seuls surmonter : la Bérézina à franchir ; cette armée était en outre abîmée par la faim, le froid et des fatigues de tous les instants. En voyant tant de misères et de souffrances, on pouvait craindre qu'elles ne se terminassent par un acte honteux, celui de déposer les armes, puisque ceux qui les portaient n'avaient plus la force de s'en servir ; mais heureusement l'empereur Napoléon était là, et sa présence était leur plus puissante sauve-garde ; car sans elle, ce qui aurait été pour eux les fourches Caudines, fut, au contraire, deux journées glorieuses, couvertes, il est vrai, de deuil et de tristesse, mais qui pourtant donnèrent à ceux dont la mort ne voulut pas le droit de s'enorgueillir d'y avoir combattu ; orgueil bien naturel, puisque leurs adversaires se croyaient certains d'anéantir, sur les bords de la Bérézina, les restes de cette armée qui six mois plutôt était entrée en Russie avec tant de chances de succès. S'ils s'arrêtèrent avant la fin de la campagne, ce ne fut point par la faute de l'Empereur Napoléon, mais par une foule de circonstances indépendantes de sa volonté, dont les généraux russes profitèrent sans même s'en douter. Aussi, nous n'hésitons pas de le dire, bien que plusieurs historiens prétendent le contraire, ce ne furent point leurs dispositions et leurs talents qui les sauvèrent. Nous pensons l'avoir démontré dans nos observations sur la retraite du prince Bagration, les batailles de Smolensk et de la Moskwa, les combats de Valontina, de la Czernischia, de Malo-Jaroslavetz et de Krasnoï, qui ont été publiées dans le VIIe volume de la *Bibliothèque historique et militaire* et dans le *Journal des Sciences militaires*, années 1853 et 1855.

Maintenant nous espérons le démontrer de même dans notre article de la Bérézina.

Ainsi que pour nos observations sur les luttes que nous venons de citer, les considérations sur les grandes opérations, les batailles et les combats de la campagne de 1812 en Russie, par le général Okouneff, serviront de base à notre travail; puis nous réfuterons les autres écrivains qui ont parlé de cette même campagne[1], et dont les appréciations ne nous paraissent point exactes.

En abordant cet historique du passage de la Bérézina, lequel terminera toutes nos observations rela-

1. Le *Journal des Sciences Militaires* du 10 août 1853 a donné le nom de ces divers historiens.

tives à cette mémorable époque de la guerre de Russie, nous ne prétendons pas retracer des faits ignorés et présenter sous un jour nouveau les scènes si émouvantes au milieu desquelles nous nous sommes trouvé : telle n'est point notre pensée, car il n'y a plus rien à dire sur ces mêmes scènes, dont on a fait tant de récits tous plus saisissants les uns que les autres, et dont M. Thiers vient d'augmenter le nombre dans le XIVe volume de son histoire du Consulat et de l'Empire ; mais nous croyons qu'il est utile de redresser les erreurs qu'on trouve dans ces divers récits, et principalement de faire ressortir les causes qui amenèrent le passage de la Bérézina tel qu'il fut exécuté, et qui en rendirent les suites si désastreuses, puisque, malgré les succès des 27 et 28 novembre, les jours suivants virent l'armée s'anéantir ; malheur immense, qu'on doit attribuer en grande partie à deux des lieutenants de l'Empereur, qui, par leur conduite dans les jours qui précédèrent le passage de la Bérézina, firent la situation de l'armée toute différente de ce qu'elle aurait été sans les fautes qu'ils commirent, et auxquelles tous les historiens, involontairement ou volontairement, ont semblé n'attacher aucune importance. Cependant si jamais fautes exercèrent une influence immense, c'est bien dans les circonstances dont nous parlons. Nous espérons que les détails dans lesquels nous sommes obligé d'entrer pour réfuter le général Okouneff, en fourniront la preuve.

Voyons comment s'exprime l'historien russe, page 195 :

« L'aspect désastreux sous lequel se présente le dernier acte de la campagne de **1812**, à Krasnoï, était sans contredit une cruelle épreuve pour l'armée française ; mais cette épreuve était loin d'être la dernière. L'armée russe triomphante s'apprêtait à combler l'excès de ses maux dans les défilés de Borisow. »

Soldat de cette armée qui subit la cruelle épreuve de Krasnoï (dans de précédentes observations, nous avons combattu les assertions du général Okouneff sur ce sujet), nous allons le suivre dans tout ce qu'il a écrit sur ce qu'il appelle le dernier acte ou la dernière épreuve de la campagne de Russie, le passage de la Bérézina, et réfuter quelques-unes de ses appréciations relatives à ce fait, dont il a présenté, nous le reconnaissons, un historique d'une impartialité qu'on trouve rarement dans son ouvrage, ainsi que nous l'avons démontré plusieurs fois.

Parmi ces appréciations ou assertions, il en est une qui renferme une grande erreur, c'est celle où l'historien russe prétend « que l'armée russe triomphante s'apprêtait, etc. »

L'armée russe triomphante !

Où donc, avait-elle triomphé ?

Où sont donc les victoires qui amenèrent le succès qu'il indique ?

Sans nul doute l'armée française fut forcée d'abandonner la Russie; sans nul doute encore, dans sa retraite elle éprouva des pertes effroyables : mais vouloir que ce fut dans des combats, et par la force des armes, que les russes obtinrent ces résultats, c'est ce que nous nions formellement, car si l'armée française sortit de Russie, le général Okouneff en connaissait les véritables causes, qui ne sont aujourd'hui ignorées de personne.

« Napoléon atteignit Orcha le 19 novembre. »

« A cette époque le comte de Wittgenstein était à
« Tschachniki. L'amiral Tschichagof se trouvait devant
« Borisow, qui tomba deux jours plus tard en son
« pouvoir. Napoléon se trouvait donc attaqué à l'est,
« à l'ouest et au nord. »

« Les différentes armées se portant concentrique-
« ment vers un centre commun, rétrécissaient ainsi
« leur sphère d'opérations. Au moment dont nous
« parlons, le théâtre des opérations se trouvait limité
« à l'est par la ligne du Dniéper, à l'ouest par celle
« de la Bérézina, au nord par celle de l'Oula. »

« A l'est Napoléon contenait le mouvement offen-
« sif de la grande armée russe; au nord, le maréchal

« Victor s'opposait aux progrès du comte de Wittgen-
« stein. Il n'y avait qu'à l'ouest où les Russes avaient
« en leur faveur les chances les plus favorables. L'a-
« miral Tschichagof était infiniment plus fort que le
« corps qui lui était opposé, et par conséquent il était
« maître de ses actions. »

« Le point de l'ouest était le plus important pour
« Napoléon, puisque c'était sa direction de retraite.
« Il ne pouvait pas en prendre une autre selon sa
« volonté. Un regard jeté sur la carte indiquait d'une
« manière évidente que la Bérézina devait être fran-
« chie sur quelques points, entre Vésélovo et Oucha
« (général Okouneff, pages 195, 196). »

Cet exposé indique dans quelle situation difficile se
trouvait l'Empereur après les luttes de Krasnoï et avant
d'arriver sur la Bérézina ; mais ce que l'historien russe
et la plupart des autres historiens n'ont pas dit, ce
sont les causes qui rendirent cette situation si difficile,
ce qu'on doit leur reprocher, car ils savaient bien que
sans elles il n'y aurait pas eu de luttes pour le passage
de la Bérézina. L'armée française aurait pu alors s'arrêter derrière cette ligne où elle aurait passé l'hiver,
pour, au retour de la belle saison, reprendre vigoureusement l'offensive, comme l'Empereur l'avait fait
en 1807 dans la vieille Prusse, après la bataille d'Eylau
(7 février).

On trouvera peut-être que sur ce sujet nous nous sommes trompé. Malheureusement non, car, malgré nous, nous devons reconnaître que nous restons dans le vrai, en disant que le maréchal Victor et le prince de Schwartzenberg, par les fautes qu'ils commirent, furent en grande partie les causes des malheurs de l'armée française.

Accusation injuste, s'écrie-t-on ! Loin de nous une telle pensée, car les faits et les documents sur lesquels nous nous appuyons fournissent la preuve que notre reproche est fondé. Au surplus, les observations suivantes l'établiront d'une manière irrécusable.

Suivant le général Okouneff, page 183, d'après les dispositions ordonnées par l'empereur Alexandre, les armées russes devaient reprendre l'offensive au mois d'octobre, et faire leur mouvement de concentration, dont le point de Borisow avait été désigné comme le foyer.

Ce plan de campagne, envoyé aux généraux russes dans les derniers jours de septembre, que l'historien M. Thiers croit avoir été tracé par le général Pfuhl [1], et que le général de Vaudoncourt a fait connaître le

---

1. C'est le même général Pfuhl, prussien d'origine, exerçant sur l'esprit de l'empereur Alexandre une assez grande influence, qui avait fait adopter le plan d'établir un camp retranché à Drissa, et d'avoir deux armées, l'une à Wilna, et l'autre dans les environs de Grodno.

premier (en **1817**), indique bien que le but de l'empereur de Russie était de réunir sur les derrières de l'armée française, vers la Bérézina, une armée nombreuse, composée des corps de Wittgenstein, Tschichagof, Steïngell et Hertel, qui l'aurait mise dans une situation plus fâcheuse encore que celle où elle se trouva. Mais, d'une part, ces dispositions n'avaient point désigné de chef pour commander cette armée, ce qui amena des jalousies et des tiraillements parmi les généraux russes; et de l'autre, elles étaient hérissées de tant de difficultés, qu'on ne comprend pas comment on a pu les ordonner, car en les examinant avec attention, il n'est pas un militaire impartial qui ne les condamne.

A la manière dont **M.** Thiers en parle, on peut croire qu'il n'est pas de cet avis, et cependant il sait :

1° Que le général Okouneff n'en a point fait l'éloge en écrivant, page **184** :

« Les points de départ des armées russes étaient à des distances **trop** différentes des points de concentration, pour qu'une parfaite harmonie présidât à des mouvements aussi étendus et par conséquent soumis à tant de difficultés. »

2° Que le général de Vaudoncourt, pages **237** à **242**, les examinant les unes après les autres, démontré combien elles sont fautives.

3° Que le général de Chambray, tome II, pages 192 et 193, en fait une sévère critique, car il prétend :

« Qu'elles sont remarquables par l'ignorance de celui qui les a dirigées, non-seulement en ce qui a rapport aux distances, mais même en ce qui concerne la position et la force des divers corps russes à cette époque. »

Quant au colonel Boutourlin et au général Jomini, le premier, tout en portant aux nues ce plan ou ces instructions, convient cependant « que, faute d'avoir pu donner aux armées russes la force énoncée dans le projet, il s'en suivit naturellement que les différentes armées ne furent pas état de remplir en entier la tâche qui avait été réservée à chacune d'elles, tome II, page 248 » ; observation qui indique clairement que ces instructions n'étaient pas aussi remarquables que le prétend le colonel Boutourlin.

Le deuxième les loue sans restriction, et termine sa louange par ces mots : « Ce projet est un des mieux conçus des dernières guerres, tome IV, page 496. »

A l'époque où le général Jomini publia sa vie de Napoléon, dans laquelle on lit cet éloge, il ne connaissait pas les Mémoires du maréchal Gouvion-St-Cyr, qui ont paru en 1831, ni l'espèce de convention secrète entre l'Autriche et la Russie, que nous fait connaître l'historien M. Thiers dans le XIII° volume, page 497, de son histoire du Consulat et de l'Empire ; autrement il eût trouvé, dans les Mémoires du maréchal, de précieux documents sur les faits qui suivirent la 2ᵉ bataille de Polotzk, et dans l'arrangement, en quelque sorte tacite, entre l'Autriche et la Russie, la preuve que, sans ces mêmes faits, ce fameux projet « *un des mieux conçus des dernières guerres* » était inexécutable.

Juste appréciateur des grandes opérations militaires, il se serait alors bien gardé de tenir un tel langage, et il n'aurait pas oublié de signaler les fautes qui furent commises aux 2ᵉ, 6ᵉ et 9ᵉ corps d'armée, après l'évacuation de Polotzk, et celles du prince de Schwartzenberg, lesquelles établissent, par des preuves certaines, que les instructions de l'empereur Alexandre étaient, ainsi que l'a écrit le général de Chambray, « remarquables par l'ignorance de celui qui les a rédigées, » et que ces mêmes instructions, dont une partie seulement fut exécutée, parce que cette partie était, dans la force des choses et non le résultat de savantes combinaisons, n'auraient pu arrêter l'armée française à la Bérézina, si les deux lieutenants de l'Empereur, que nous avons nommés, avaient fait leur devoir.

Les détails dans lesquels nous entrons doivent le démontrer.

Dès le 6 octobre, dans une lettre excessivement remarquable que l'Empereur adressa de Moskou au maréchal Victor, il lui indique tout ce qu'il doit faire suivant les événements qui se présenteront. Il lui dit que le 9e corps d'armée formera la réserve générale, pour se porter, soit au secours du prince de Schwartzenberg et couvrir Minsk, soit au secours du maréchal Gouvion-St-Cyr et couvrir Wilna, soit enfin à Moskou pour renforcer l'armée, et que dans le cas où Minsk et Wilna seraient menacées, il devra se mettre en marche de son autorité pour couvrir ces deux grands dépôts. Cette lettre entre de plus dans de nombreux détails sous les rapports administratifs et militaires. En un mot, elle pare à toutes les éventualités.

Ainsi, dès les premiers jours d'octobre, l'Empereur prévenait le maréchal Victor de la possibilité où il pourrait se trouver de venir au secours du maréchal St-Cyr. Donc l'Empereur, en lui laissant la liberté de le faire sans autorisation, lui donnait à entendre qu'il tenait beaucoup à ce que la ligne de Wilna ne tombât point au pouvoir de l'ennemi ; donc, il lui laissait la latitude de se réunir au maréchal St-Cyr. Aussi, quand le maréchal Victor apprit qu'après la deuxième bataille de Polotzk, 18 et 19 octobre, son collègue avait abandonné cette ville et se retirait dans la direction de l'Oula, il se porta avec le 9e corps (25 000 hommes) au-devant de lui et le joignit le 30 octobre à Smoliany. Mais avant de parler des événements qui suivirent cette réunion, nous croyons que dans l'intérêt de la vérité, il convient de rendre à chacun ce qui lui appartient, et de faire connaître le plus possible ce que jusqu'à ce jour le maréchal St-Cyr, seul, a écrit dans ses Mémoires, tome III, pages 188 à 195, sur la conduite du général bavarois de Wrède, après l'abandon de Polotzk, conduite qui exerça une grande influence sur la retraite des 2e et 6e corps.

Nous transcrivons quelques fragments de la narration du maréchal.

« Forcé le 20 octobre, par suite de la blessure qu'il avait reçue la veille, de quitter momentanément, mais sans s'éloigner, le commandement des 2e et 6e corps, le maréchal St-Cyr le remit au général de division Legrand, et prescrivit en même temps au général de Wrède de renvoyer au 2e corps les troupes qu'on lui avait détachées. Ce dernier, au lieu d'exécuter l'ordre formel qu'il avait reçu, jugea, le 21, plus convenable de se rendre auprès du maréchal ; ne l'ayant pas trouvé au camp, il s'adressa au général Legrand, lequel insista fortement pour avoir ses troupes, ce qui était naturel et surtout très-important. De là une altercation très-vive entre les deux généraux, qui dégoûta Legrand de son commandement par intérim. »

« Dans ce même moment le général Wittgenstein

ayant fait la démonstration de passer la Dwina, le général de Wrède retourna à Roudnia, fit à son arrivée partir les troupes du 2⁰ corps ; mais il était déjà trop tard, ce qui fut un incident malheureux, car le général Legrand, ne se sentant pas assez fort pour s'opposer au passage de la Dwina avec ses divisions privées d'une partie de leur monde, se retira vers Voronetsch.

« Le général de Wrède, auquel on prescrivit de suivre le mouvement de retraite en appuyant sa droite à Voronetsch, ne tint aucun compte de cet ordre ; il jugea plus à propos de se tenir sur la route d'Arékhovka, moins lié pour sa propre sûreté avec le point où se trouvait la gauche du 2⁰ corps.

« Le général Legrand, mécontent d'une telle conduite, résigna, malgré toutes les instances du maréchal, le commandement du 2⁰ et du 6⁰ corps, qui fut pris par le général de division Merle, mais à la condition qu'il ne commanderait pas le 6⁰ corps, ne voulant absolument donner aucun ordre au général de Wrède.

« Le maréchal Saint-Cyr continua donc à correspondre avec ce dernier et à lui prescrire les mouvements qu'il devait exécuter avec le 2⁰ corps. Mais ce fut en vain qu'il lui désigna les points où les deux corps devaient se joindre pendant la retraite ;

le général de Wrède préféra toujours s'éloigner et courir
les chances auxquelles une semblable marche l'exposait
dans son état de faiblesse. Il en résulta que le 24,
surpris par les divisions russes du général Steingell,
qu'il croyait sur la rive droite de la Dwina, il fut culbuté aussitôt qu'attaqué et vivement poursuivi. Dans
ce choc, il perdit beaucoup de monde, des équipages,
des objets précieux, tels que tous ses drapeaux dépo-
sés dans un des fourgons de sa trésorerie depuis que
ses divisons étaient trop affaiblies pour les garder.

« Ce combat força de son côté le 2ᵉ corps
à continuer sa retraite le 25 et le 26, serré de près
par le général Wittgenstein, qui ne put pourtant l'entamer.

« Dès que le général de Wrède eut fait connaître
l'échec qu'il avait éprouvé, le maréchal Saint-Cyr lui
fit écrire de Kamen de demeurer constamment appuyé
à la gauche du 2ᵉ corps et un peu en arrière,
de laisser à Pouichna la brigade de cavalerie légère
du général Corbineau, qui ne devait recevoir d'ordres
que du chef du 2ᵉ corps, auquel cette brigade appar-
tenait. Mais, loin d'exécuter ce qu'on lui enjoignait,
le général de Wrède fit directement le contraire :
au lieu de rester à la gauche du 2ᵉ corps, il s'en
éloigna aussitôt, en répondant que, puisqu'on ne lui
parlait pas de la route de Wilna, il allait faire son

possible pour s'y rendre pendant qu'il avait encore, c'était l'expression de sa lettre, une poignée d'hommes prêts à mourir pour la défendre. De plus, il emmena la brigade Corbineau, en dépit des justes réclamations du général Merle, et la conserva encore malgré la nouvelle réclamation du maréchal Oudinot, qui avait repris le commandement du 2ᵉ corps; il ne la renvoya enfin que peu de jours avant l'affaire de la Bérézina.

« Le général de Wrède partit le 26 au matin de sa position de Pouichna pour se rendre à Gloubokoé; il n'eut dès ce moment aucune communication directe avec le 2ᵉ corps, et correspondit avec Wilna, recevant ses instructions du duc de Bassano (Maret). »

Que doit-on penser après la lecture de semblables documents? En vérité, on reste confondu, et ce qu'on peut dire désormais, c'est qu'il est impossible de justifier la conduite du général de Wrède après l'évacuation de Polotzk, conduite, au surplus, qui n'a rien d'étonnant, quand on sait que c'est à son ambition et à ses intrigues qu'en 1813 la Bavière abandonna la cause de la France, et qu'il eut la présomption, après la bataille de Leipsick, 18 octobre, de vouloir, à la tête de 50 mille hommes, arrêter l'Empereur à Hanau. Attaqué le 30 octobre par 30 mille combattants seulement, il fut culbuté et mené si rudement que si, dans ce moment, l'Empereur avait eu sous la main les corps des maréchaux Ney et Marmont, l'armée bavaroise était perdue.

Il résulte de ces faits, mais surtout de celui de Polotzk, que, quelle que soit la vénération des Bavarois pour la mémoire du général de Wrède et leur désir d'en faire un militaire sans reproches, ils n'empêcheront pas que les Mémoires du maréchal Saint-Cyr n'existent pour le condamner, et cependant un historien, M. Thiers, au lieu de faire ressortir l'influence malheureuse qu'exercèrent sur les opérations de cette époque, dans la sphère de Polotzk, non-seulement les refus continuels du général de Wrède d'obéir aux ordres qu'on lui donnait, mais encore son éloignement volontaire du 2ᵉ corps, ce qui diminuait de 5 à 6 mille hommes les forces opposées au général Wittgenstein; cet historien, disons-nous, en parlant du général de Wrède, se borne à écrire (tome XIV, page 599) : « Par goût ou par circonstance, il s'était laissé isoler du 2ᵉ corps et confiner à Gloubokoé avec 5 à 6000 Bavarois, et gardant la brigade de cavalerie légère du général Corbineau, 7ᵉ et 8ᵉ chasseurs à cheval et 20ᵉ de lanciers, brigade que le 2ᵉ corps regrettait beaucoup et réclamait avec instance. » Mais, comme on le remarquera, pas un seul mot de blâme pour cette conduite si inconcevable, quand l'historien sait parfaitement, par les Mémoires du maréchal Saint-Cyr, que si le général de Wrède se trouva isolé du 2ᵉ corps et confiné à Gloubokoé, ce fut par suite de sa volonté et malgré les ordres de son chef le maréchal Saint-Cyr.

Le baron de Wœlderndorff, major à l'état-major du roi de Bavière, a publié en 1826 quelques observations sur l'ouvrage du général de Ségur. Ne pouvant connaître alors ce que le maréchal Saint-Cyr écrirait de si fâcheux en 1831 contre le général de Wrède, mais comprenant cependant que la conduite de ce dernier, lorsqu'il se sépara du 2ᵉ corps sans l'ordre du commandant en chef, pourrait, un jour ou l'autre, être sévèrement blâmée, il a voulu la justifier en écrivant dans le premier volume du *Spectateur militaire*, pages 452 et 453, les articles suivants :

« 1° Que le général de Wrède a exactement exécuté les ordres qu'il a reçus;

« 2° Qu'il a agi dans tous ses mouvements de concert avec les maréchaux et les généraux, tant à sa droite qu'à sa gauche;

« 3° Que dans tous ses mouvements il avait en vue le point de Wilna, non pas par une idée à lui, mais parce que cela lui était prescrit, et parce que le duc de Bassano (Maret), muni des pleins pouvoirs

extraordinaires de l'Empereur, avait insisté à ce qu'il
ne quittât pas la route de Wilna;

« 4° Qu'il a toujours été en correspondance avec le
grand quartier-général impérial ;

« 5° Que tout ce qu'il a fait fut approuvé, au nom
de l'empereur Napoléon, par le major-général. »

Les fragments des Mémoires du maréchal Saint-
Cyr, que nous avons reproduits, détruisent de fond
en comble les assertions des deux premiers articles du
major Wœlderndorff, car il est positif qu'ayant, après
l'évacuation de Polotzk, constamment refusé d'exécuter les ordres du maréchal Saint-Cyr et du général
Legrand, il ne put agir de concert avec eux.

Le troisième article n'est pas plus exact, parce
qu'il est positif encore que le général de Wrède
se sépara de sa propre autorité du 2ᵉ corps, et non
sur l'ordre de Maret, lequel, s'il en avait eu un à
donner, ne l'aurait pas envoyé au subalterne, le général de Wrède, mais au commandant en chef, le maréchal Saint-Cyr. D'ailleurs, dans une lettre que le
général bavarois écrivit au maréchal Saint-Cyr, de
Gloubokoé, le 26 octobre (Mémoires du maréchal,
t. III, p. 326), il ne dit pas un mot des ordres qu'il
aurait reçus, suivant le major Wœlderndorff, du duc
de Bassano (Maret). Pour justifier sa séparation, il
n'aurait certainement pas oublié de le faire, si véri-

tablement il lui en était parvenu ; il convient, au contraire « qu'il se retira sur la route de Wilna, parce que ses dépôts, son parc de réserve et ses convois d'argent se trouvaient sur cette route. »

Si le quatrième article du major Wœlderndorff est exact, on ne comprend pas comment un général de division, faisant partie d'un corps d'armée, pouvait être toujours en correspondance avec le grand quartier-général impérial. Nécessairement cette correspondance ne devait être qu'occulte, parce qu'on n'était pas dans l'habitude, au grand quartier-général impérial, d'écrire à un général, lorsqu'il était sous les ordres d'un maréchal ou d'un général plus ancien que lui.

Au cinquième article, le major bavarois prétend que « tout ce que fit le général de Wrède fut approuvé, au nom de l'Empereur, par le major-général. » Dans ce cas, on doit en adresser le reproche au maréchal Saint-Cyr, parce que, s'il avait fait son rapport à l'Empereur sur la conduite de son subordonné, il est impossible que l'Empereur l'eût approuvée. D'un autre côté, il est présumable que si le général de Wrède n'avait pas abandonné son poste avec ses troupes, le maréchal Victor, ayant alors dans la main 5 à 6000 hommes de plus, aurait agi tout autrement qu'il le fit, et par conséquent il n'aurait

point mérité le blâme qu'on a le droit de lui adresser.

Il sera facile de se convaincre que ce blâme est
fondé par les renseignements que nous fournissent
les Mémoires du maréchal Saint-Cyr, t. III, pages 197
à 205, sur les opérations des 2ᵉ et 9ᵉ corps lorsqu'ils furent réunis, renseignements tout aussi pré-
cis mais plus tristes encore que ceux relatifs au général de Wrède.

Nous en donnons un récit abrégé, mais suffisant
pour faire comprendre quelles fautes furent commises,
et quelle immense influence elles exercèrent sur les
destinées des armées.

« Le 27 octobre, le 2ᵉ corps, continuant sa retraite, passa l'Oula à Lepel, et vint prendre position
sur la droite de cette rivière près de Tschachniki,
où devait se faire sa jonction avec le 9ᵉ corps. En
effet, le maréchal Victor, prévenu depuis plusieurs
jours de Polotzk, de Witebsk, de Wilna, de la réunion
des forces de Wittgenstein et des tentatives qu'il
ferait probablement contre le 2ᵉ et le 6ᵉ corps, sentit
la nécessité de se porter à leur secours; il marcha donc à leur rencontre. Dès que le 2ᵉ corps
ne put douter de sa jonction prochaine avec le 9ᵉ,
dont on évaluait la force à 25 000 hommes, la
joie s'y manifesta et l'enthousiasme se répandit

parmi les soldats, qui ne doutaient plus désormais du succès. »

« Le 28, à Tschachniki, on reçut l'avis de la réunion du 9e, dans les environs de Senno pour le 29, et sa jonction avec le 2e pour le lendemain, ce qui eut lieu. »

« Aussitôt les troupes des deux corps se communiquèrent leurs espérances pour la journée du lendemain 30. Celles du 9e, les plus belles qu'on pût voir, dans le meilleur état et admirablement disposées, n'avaient qu'un désir, celui de ne pas voir la campagne se terminer sans se mesurer avec l'ennemi. Celles du 2e, dont les hommes étaient d'une maigreur extrême, dont le teint était noirci par le feu des bivouacs, dont les habits étaient râpés et déchirés à force d'avoir couché sur la terre et dans la boue, étaient cependant les hommes les plus forts qui avaient résisté à tant de fatigues. A leurs regards et à leur attitude, il était facile d'apercevoir des soldats familiarisés avec la victoire, et qui, habitués de résister seuls, devaient nécessairement l'obtenir avec le secours considérable du 9e. »

« Le 30, dans l'après-midi, le maréchal Victor arriva à Smoliany où était le quartier-général du maréchal Saint-Cyr. Il prit aussitôt le commandement des deux corps. Le maréchal Saint-Cyr lui donna tous les

renseignements qu'il demanda et ceux qui pouvaient lui être utiles, appuya surtout les dispositions où il paraissait être de reprendre l'offensive, « et lui dé-
« montra qu'elle serait couronnée d'un succès infail-
« lible s'il faisait son attaque avec célérité et avant
« que Wittgenstein fût assuré de son arrivée. »

« Le lendemain, 31, le général Wittgenstein ne soupçonnant pas la jonction des deux corps français, attaqua le 2e à Tschachniki, s'empara de ce point, qui formait à l'armée française une bonne tête de pont sur Loukoml, et devait favoriser ses attaques sur les Russes, en couvrant et protégeant le débouché de ses colonnes. La division Legrand, qui défendait ce bourg, l'abandonna, repassa sur la rive droite de Loukoml, et vint s'appuyer aux autres divisions du 2e corps. »

« Sur l'étonnement que l'on marqua au maréchal
« Victor de ce qu'il n'attaquait pas, il répondit qu'il
« voulait voir déboucher l'ennemi dans la plaine pour
« mieux juger de ses forces et exécuter son plan d'at-
« taque avec plus d'avantages. »

« Les troupes de Wittgenstein, sous la protection de leur nombreuse artillerie, allaient lui donner l'occasion qu'il cherchait. Elles passèrent devant lui l'Ou-là, occupèrent Tschachniki, et attaquèrent de nouveau le 2e corps, qui, toujours seul en première ligne, le 9ᵉ étant échelonné derrière lui, fut obligé d'abandonner la position qu'il occupait. Les Russes, en le suivant, débouchèrent dans la plaine : « c'était « encore un moment opportun et des plus favorables « pour leur livrer bataille; c'était l'occasion qu'on at-« tendait, et si on la laissait échapper, on ne devait « plus se flatter de la voir renaître. »

Wittgenstein, ignorant toujours l'arrivée du 9ᵉ corps, quoiqu'il fût si près de lui, s'était engagé en avant de plusieurs défilés; par conséquent ses colonnes étaient isolées les unes des autres. Il arrivait sur un terrain qu'il ne connaissait pas, qu'il n'avait pas eu le temps d'étudier, où il était sans appui. »

« Le 2ᵉ corps, fort d'environ 12 mille hommes, soutenait seul l'attaque des Russes en se reployant lentement sur le 9ᵉ, placé immédiatement derrière lui. »

« Si dans ce moment on l'avait mené à l'ennemi, « qu'on l'eût fait donner en entier, il me paraît indu-« bitable qu'on aurait obtenu le plus brillant succès ; « événement qui peut-être eût arrêté le cours des dé-« sastres que nos armées ont éprouvés, ou qui du « moins les aurait considérablement atténués. »

« Il me semblait alors, et à beaucoup d'autres personnes, que les avantages immenses que promettait un grand succès, si nécessaire dans ces circonstances, devaient faire passer sur toutes les considérations qui sans doute ont empêché qu'on ne prit le parti de l'attaque. Quoiqu'il en soit, on ne chercha même pas à prendre position sur l'Oula, ce qui aurait assuré des passages à l'armée de Napoléon, qui avait quitté Moskou et que l'on savait s'approcher à grandes journées. *On se borna à ordonner la retraite.* Le 2ᵉ et le 9ᵉ corps l'effectuèrent tranquillement jusque dans les environs de Senno, non poursuivis par Wittgenstein, qui, ayant acquis la certitude de la réunion des deux corps français, s'arrêta sur l'Oula où il attendit l'amiral Tschichagof sur la Bérézina, dans le dessein de se lier avec lui pour empêcher le passage de cette rivière à Napoléon. »

« A cette époque le maréchal Saint-Cyr quitta l'armée pour se rendre à Orcha où il espérait se rétablir de sa blessure. « Les illusions qu'il s'était faites à « l'occasion de la jonction du 9ᵉ corps avec le 2ᵉ, « venaient de s'évanouir; il avait espéré rentrer « peu de jours après dans Polotzk, et il venait « de voir prendre aux deux corps d'armée un che-« min si opposé. Il était convaincu que le froid des « bivouacs du mois de novembre et les privations « devaient détruire les troupes qu'on avait cru pru-« dent de soustraire au fer de l'ennemi, d'une ma-

« niéré bien autrement cruelle, sans gloire et sans
« avantages. »

Oui, c'est sans gloire et sans avantages que le maréchal Victor est cause de la destruction d'une grande
partie des 2ᵉ et 9ᵉ corps !

Oui ! mille fois oui ! Sa mémoire doit rester enta-
chée de cette faute énorme, qu'on ne saurait trop faire
connaître et blâmer, que rien ne peut justifier, car,
comme le dit le maréchal Saint-Cyr avec un profond
sentiment de conviction et de douleur : « Un succès
« arrêtait le cours des désastres que nos armées ont
« éprouvés. » Ce succès, tout, dans le récit du maréchal, prouve qu'on pouvait facilement l'obtenir. Tout
démontre qu'un seul mot du maréchal Victor pouvait
changer totalement les destinées de la France, et
qu'en prononçant l'électrique *en avant*, qui eût été
si bien compris par les troupes des 2ᵉ et 9ᵉ corps,
il se couvrait d'une gloire immortelle. Pourquoi cette
pensée n'entra-t-elle point dans son esprit? Nous
l'ignorons; mais ce que nous savons, c'est que le motif
qui l'avait guidé le 31 octobre à Tschachniki, se re-
présenta le 14 novembre à Smoliany d'une manière
plus fâcheuse pour sa mémoire. A Tschachniki, le
maréchal Victor savait par la lettre de l'Empereur,
datée de Moskou le 6 octobre, qu'il devait empêcher
Wittgenstein de s'emparer de la communication de

Wilna ; mais à Smoliany il avait une mission bien autrement importante à remplir, car il s'agissait de rejeter les Russes de l'autre côté de la Dwina et de reprendre Polotzk. Comment s'en acquitta-t-il? Les explications suivantes vont le faire connaître.

Ainsi que nous venons de le dire, le maréchal Victor continua sa retraite le 31 jusqu'à Czéréia, où il arriva le 6 novembre, non poursuivi par Wittgenstein. Là il reçut la lettre suivante du major-général, datée de Wiasma le 2 novembre à 5 heures du matin.

« L'Empereur apprend les événements de Polotzk et votre marche de ce côté. Sa Majesté espère que vous aurez repoussé Wittgenstein et repris Polotz. L'armée est en marche. Sa Majesté trouvait que l'hiver était trop long pour le passer loin de ses flancs. Il est probable que l'Empereur se portera, la droite sur la Dwina et la gauche sur le Dniéper, et par là nous nous trouverons en contact. »

On pourrait croire que cette lettre, qui indiquait quel était l'espoir et par suite les intentions de l'Empereur, déciderait le maréchal Victor à se porter contre le général Wittgenstein : loin de là, il continua à rester dans l'inaction à Czéréia, d'où il n'aurait sans doute point bougé si une lettre de l'Empereur, que nous transcrivons, n'était venue le faire sortir du repos dans lequel il semblait se complaire.

« NAPOLÉON AU MAJOR-GÉNÉRAL.

(Mikalewka , le 7 novembre 1812.)

« Mon cousin, écrivez au maréchal Victor la lettre suivante : J'ai mis votre lettre du 2 sous les yeux de l'Empereur. Sa Majesté ordonne que vous réunissiez vos six divisions, et que vous abordiez sans délai l'ennemi, et le poussiez au-delà de la Dwina ; que vous repreniez Polotzk. Ce mouvement est des plus importants : dans peu de jours, vos derrières peuvent être inondés de Cosaques. L'armée et l'Empereur seront demain à Smolensk, mais bien fatigués par une marche de quarante-six myriamètres (120 lieues) sans s'arrêter. Prenez l'offensive, le salut des armées en dépend ; tout jour de retard est une calamité. La cavalerie de l'armée est à pied : le froid a fait mourir tous les chevaux. Marchez, c'est l'ordre de l'Empereur et celui de la nécessité.

Signé NAPOLÉON. »

Cette lettre si pressante, qui, en peu de mots dit tant de choses, ayant enfin réveillé le maréchal Victor, il se porta le 12 novembre contre le général Wittgenstein. Après avoir culbuté son avant-garde, à laquelle il fit subir de très-grandes pertes (ce sont les

expressions du colonel Boutourlin, tome II, page 289),
il se trouva le 14 en face de l'armée russe et en mesure de la combattre avec succès. Au lieu de l'aborder
franchement sur plusieurs points et de la forcer à accepter la bataille ou à se retirer de l'autre côté de la
Dwina, il se borna à attaquer le village de Smoliany,
qu'on prit et reprit plusieurs fois, il est vrai, et qui
finit par rester entre les mains des Français, sans que
cette lutte indiquât l'intention formelle d'engager une
affaire générale. Il en résulta que le combat de Smoliany, qui devait changer la triste situation de la grande
armée, n'en améliora aucunement le sort, puisque ce
combat fut peu sérieux, que le 9ᵉ corps seul y prit part,
qu'il n'y eut d'infanterie engagée qu'à l'attaque de Smoliany, que partout ailleurs ce ne fut qu'une canonnade,
que le général Wittgenstein reprit la même position
qu'il avait occupée le 31 octobre, et que le maréchal
Victor se retira le 15 novembre sur Czéréia d'où il
était parti le 12. Ces faits doivent démontrer que dans
cette circonstance sa conduite fut peut-être plus blâmable qu'à Tschachniki, parce qu'alors il pouvait
ignorer toute l'importance de son rôle dans le drame
de Russie, tandis que, à Smoliany, il n'en était plus de
même, il savait, par la lettre de l'Empereur du 7 novembre; qu'il fallait à tout prix attaquer et battre l'ennemi. Elle en démontrait trop l'impérieuse nécessité

pour hésiter un seul instant à se jeter sur lui tête baissée; et d'ailleurs les événements n'indiquaient-ils pas qu'il valait mieux succomber les armes à la main que de fatigues et de misère ?

Deux fois, dans l'intervalle de 15 jours, il crut devoir agir autrement, sans que rien au monde puisse justifier une telle conduite. Aussi, ce n'est point sans étonnement que nous voyons le général de Chambray envisager tout autrement cet épisode de la campagne. Il prétend, tome II, page 416 :

« Que le maréchal Victor ne devait pas légèrement hasarder des troupes qui devenaient l'unique ressource de l'armée de Moskou; et s'il eût été avantageux d'attaquer franchement Wittgenstein le 31 octobre, maintenant les apparences de succès n'étaient plus les mêmes. Victor devait, au contraire, nonobstant des ordres que Napoléon ne lui avait donnés que parce qu'il n'était pas instruit du véritable état des choses, tâcher de gagner du temps. D'ailleurs un succès aurait apporté peu de changements à la situation déplorable de l'armée de Moskou, tandis que la défaite de Victor ne pouvait manquer d'entraîner la perte de cette armée. »

Ces observations, qu'on croirait avoir la valeur que leur donne le général de Chambray, sont cependant loin d'être exactes; car, tout en établissant, implicitement il est vrai, la faute capitale commise par le maréchal Victor le 31 octobre à Tschachniki, l'historien français se trompe grossièrement lorsqu'il dit : « Un succès aurait apporté peu de changements à la situation déplorable de l'armée de Moskou. »

Comment ! un succès n'aurait produit qu'un médiocre résultat ? Mais le général de Chambray n'a donc pas compris que ce succès rejetait le général Wittgenstein de l'autre côté de la Dwina et changeait la face des opérations ?

Comment ! les ordres de l'Empereur n'étaient que pour gagner du temps ? Mais l'historien a donc oublié qu'il a lui-même publié, tome II, page 379 : 1° Cette lettre du 7 novembre de l'Empereur au maréchal Victor, où il lui dit : « Prenez l'offensive, le salut des armées en dépend, tout jour de retard est une calamité. Marchez, c'est l'ordre de l'Empereur et de la nécessité. » 2° Cette autre lettre du major-général au maréchal Victor, datée de Smolensk le 11 novembre, qu'on lit tome II, pages 423 et 424, et que nous copions en partie, tant elle est explicite et tant elle détruit les assertions du général de Chambray :

« L'Empereur va se porter avec une partie de l'armée sur Orcha ; mais ce mouvement ne peut que se faire lentement ; il devient d'autant plus urgent que vous attaquiez Wittgenstein. Si ce général a choisi un camp ou une position avantageuse où il soit difficile

de lui livrer bataille, il vous est facile de manœuvrer
de manière à lui couper la retraite et les communications avec la Dwina. Vous devez partir de ce principe
que Wittgenstein ne peut se laisser couper de cette
rivière. Avec les troupes que vous avez, l'Empereur
ne doute pas du succès que vous obtiendrez. « Il doit
« être du plus grand intérêt s'il a lieu prompte-
« ment. »

« Les deux grandes armées française et russe
sont fatiguées. Elles peuvent prendre des positions
par des marches, mais ni l'une ni l'autre n'est dans le
cas de livrer une grande bataille pour l'occupation
d'un poste. Votre armée, au contraire, monsieur le
maréchal, et celle du général Wittgenstein, sont dans
l'obligation de se battre avant de prendre des quar-
tiers d'hiver. « Le plus tôt sera le meilleur. La vic-
« toire sera complète pour vous si vous obligez Witt-
« genstein à repasser la Dwina. Ce général a tout à
« gagner à rester en position, et vous tout à per-
« dre, etc., etc... »

Est-ce clair ? Et certes lorsque l'Empereur ordon-
nait d'écrire cette lettre, il ne se faisait point illusion
sur l'armée de Moskou, et de plus il savait que le
maréchal Victor pouvait attaquer et battre l'ennemi.

Mais admettons que les observations du général de
Chambray soient fondées. Pourquoi alors le maréchal

Victor prit-il l'offensive le **14** novembre? Puisqu'il importait de gagner du temps, ne pouvait-il pas obtenir ce résultat sans les pertes qu'il fit ce jour-là? sacrifice qui ne fut d'aucune utilité pour son armée et celle de Moskou. Disons donc qu'à Smoliany comme à Tschachniki le maréchal Victor ne voulut point voir la grandeur de la mission dont il était chargé, et qu'il lui était si facile de remplir avec les troupes des **2**ᵉ et **9**ᵉ corps. Leur héroïque défense sur les bords de la Bérézina, dans les journées des **27** et **28** novembre, où alors elles étaient beaucoup moins nombreuses et bien plus fatiguées, indique ce qu'on pouvait obtenir d'elles le **31** octobre et le **14** novembre, si le maréchal Victor l'avait voulu. Les dates que nous citons sont trop caractéristiques pour qu'elles ne fassent pas naître de tristes réflexions.

Il nous reste maintenant à examiner ce que le général Jomini et M. Thiers ont écrit sur ces événements dans la sphère de Polotzk et de l'Oula.

Le premier dit, tome IV, page 191 :

« En partant de Smolensk, l'Empereur avait envoyé l'ordre à Oudinot de venir se placer à Bobr pour éclairer la route de Minsk, et à Victor de tâter le général Wittgenstein pour déterminer le degré de résistance qu'on pourrait rencontrer en marchant sur Wilna.

Le 14 novembre, Victor avait attaqué les Russes à Tschachniki ; mais la résistance qu'on lui opposa lui ayant prouvé que les Russes étaient solidement établis sur les bords de l'Oula, il s'était conformé aux instructions qu'il avait reçues de l'Empereur, et s'abstenant d'engager une affaire sérieuse, il était revenu à Czéréia. »

Il y a dans cette version presque autant d'erreurs que de mots, ce qu'on ne devait pas attendre d'un historien tel que le général Jomini. Comment n'a-t-il pas su :

1° Que ce n'est point le 14 novembre, en partant de Smolensk, mais le 19, de Dubrowna, que l'Empereur donna au maréchal Oudinot l'ordre de se porter à Bobr, et cela après l'affaire de Smoliany ?

2° Que les lettres de l'Empereur au maréchal Victor, que nous avons reproduites, ne disent pas au maréchal de tâter le général Wittgenstein ; elles lui ordonnent, au contraire, de l'attaquer sérieusement et de le rejeter de l'autre côté de la Dwina ?

3° Que le maréchal Victor n'attaqua point les Russes à Tschachniki le 14, mais à Smoliany, où la résistance de ces derniers fut en rapport avec l'attaque de leurs adversaires, laquelle, comme nous l'avons dit, ne fut ni générale ni sérieuse. Cette attaque ne put prouver que les Russes étaient solidement établis sur l'Oula, puisque ce n'est que le lendemain, 15, qu'ils reprirent leurs positions sur ses bords, d'où le 14 ils étaient sortis pour venir à Smoliany ?

4° Que le maréchal Victor ne revint point à Czéréia pour se conformer aux instructions de l'Empereur de ne pas engager d'affaire sérieuse, puisque toutes les lettres de ce dernier prescrivent clairement le contraire.

On fera peut-être observer que ces erreurs n'ont point une grande importance. C'est possible, mais comme elles ont été commises par un historien de mérite sous plusieurs rapports, et que ses ouvrages sont fréquemment consultés, il convenait de les signaler.

Nous passons au deuxième historien, M. Thiers.

En examinant ce qu'il a écrit sur ces événements, nous reconnaissons que pour en faire la réfutation nous éprouvons une grande défiance de nous-même, car il ne faut pas oublier que cet historien a annoncé plusieurs fois, dans son ouvrage, qu'il ne parlait que d'après des documents certains. Malgré cela, nous croyons pourtant qu'il y a des faits et des appréciations qu'on peut contester, parce qu'ils ne nous paraissent pas complétement exacts, comme, par exemple, ceux relatifs aux opérations des 2ᵉ et 9ᵉ corps sur les bords de l'Oula. Voici à ce sujet ce qu'a écrit cet historien, tome XIV, pages 588 et 589 :

Après la seconde bataille de Polotzk, qui avait entraîné l'évacuation de cette place importante, le général bavarois de Wrède s'était laissé séparer du 2ᵉ corps, et était resté avec ses 5 ou 6000 Bavarois vers Gloubokoé. Le 2ᵉ corps, dont le maréchal Oudinot avait repris le commandement, s'était trouvé réduit à 10 000 hommes exténués. Le maréchal Victor, avec les trois divisions du 9ᵉ corps, en conservait à peine 22 ou 23 000. Les deux maréchaux ensemble ne comptaient donc que 32 ou 33 000 hommes. Opposés à Wittgenstein et à Steingell, qui n'en avaient plus que 40 000 depuis les derniers combats, ils auraient pu le battre. Mais Wittgenstein avait pris position derrière l'Oula. Les deux maréchaux avaient essayé de l'attaquer dans une forte position près de Smoliany, avaient perdu 2000 hommes sans réussir à le déloger, ce qui les réduisait à 30 000 au plus, et n'avaient rien osé tenter de décisif, craignant de compromettre un corps qui était la dernière ressource de Napoléon. Peut-être, avec plus d'accord et de décision, il leur eût été possible d'entreprendre davantage ; mais leur situation était difficile et leur perplexité bien naturelle. Sur les instances du général Dode, ils s'étaient réunis, après un moment de séparation, afin d'agir ensemble, et ils attendatent à Czéréia, à deux marches sur la droite de la route que suivait Napoléon, ses instructions définitives. »

Il est impossible, après la lecture de ce paragraphe, de ne pas convenir qu'on ne peut adressser aucun reproche au maréchal Victor sur la manière dont il dirigea ses opérations dès qu'il eut fait sa jonction avec le 2e corps. Mais pour ceux qui ne se contentent point

de la seule narration de M. Thiers, c'est bien différent ; car, sans parler de l'histoire du général de Chambray, qui, quoique s'exprimant avec beaucoup de réserve sur les mouvements du maréchal Victor, n'en
laisse pas moins entrevoir qu'ils ne furent point ce
qu'ils auraient du être, les Mémoires du maréchal
Saint-Cyr sont là. Ils émanent d'une autorité militaire
trop haut placée pour que le moindre doute puisse
exister sur les faits qu'il rapporte de cette période de
la campagne de Russie. Aussi, on comprend difficilement que M. Thiers, qui bien certainement les a lus
et médités, n'ait pas été complétement fixé sur les
fautes énormes commises à Tschachniki et à Smoliany, et sur les funestes résultats qui en furent la
suite.

Mais supposons que cette pensée ne se soit point
présentée à son esprit, ce qui est inadmissible, est-ce
qu'il ne connaissait pas les lettres si pressantes de
l'Empereur, où il disait qu'il fallait à tout prix agir
avec la plus grande vigueur ? Est-ce que ces mêmes
lettres n'indiquaient pas que le salut de l'armée de
Moskou dépendait de la promptitude avec laquelle cette
même énergie serait employée ? Oui certainement,

tout cela existait; mais on ne trouve point la preuve, dans la narration de l'historien, que ces instructions avaient été bien comprises et que le maréchal Victor fit tous ses efforts pour s'y conformer ; il dit au contraire « que la situation des maréchaux Oudinot et Victor était difficile et leur perplexité bien naturelle. »

De la perplexité! dans l'esprit du maréchal Victor, oui ; mais dans celui du maréchal Oudinot, non ; car il est positif que s'il y eut désaccord entre ces deux chefs, c'est parce que le maréchal Oudinot voulait suivre à la lettre les ordres de l'Empereur, c'est-à-dire attaquer Wittgenstein partout où on le trouverait, tandis que le maréchal Victor voulait temporiser en manœuvrant. Mauvaise pensée, parce que dans la situation où l'on se trouvait il n'y avait pas à hésiter, il fallait marcher haut la main à l'ennemi et le battre, ce qui était presque certain avec des soldats aussi vigoureusement trempés que ceux du 2ᵉ corps, lesquels n'étaient point exténués, ainsi que l'a écrit à tort M. Thiers, et avec ceux du 9ᵉ corps qui ne demandaient qu'à aborder l'ennemi.

D'un autre côté, l'historien convient que les deux

maréchaux auraient pu battre Wittgenstein ; donc, s'ils ne le firent point, ils commirent une grande faute. Dans ce cas, pourquoi M. Thiers, qui en comprenait toute l'importance, n'a-t-il pas fait ressortir quel immense avantage on aurait tiré d'une victoire sur Wittgenstein ? Nous ignorons le motif de son silence ; mais ce qui est certain c'est qu'il croit qu'on pouvait le battre : dès lors, il y a un coupable, lequel ne peut être que le maréchal Victor, puisqu'il commandait en chef. Quelle est donc la fatalité qui paralysa son énergie dans ces deux circonstances si majeures de Tschachniki et de Smoliany ? C'est celle qui commençait à peser sur certains chefs, qui, dans les campagnes suivantes, en donnèrent de si funestes exemples. On s'écriera sans doute que ces reproches sont injustes à l'égard du maréchal Victor, qui fut admirable dans la journée du 28 novembre sur les bords de la Bérézin. Nous savons qu'il y fut digne de sa vieille réputation (il ne pouvait guère en être autrement, parce qu'il était sous les yeux de l'Empereur) ; mais nous n'ignorons pas non plus que, le 31 octobre, une occasion superbe, unique, se présente de battre l'ennemi qui ignore la jonction des 2e et 9e corps. On lui démontre la possibilité d'un succès. Au lieu de profiter de l'ignorance de son adversaire, il répond : « Qu'il veut voir déboucher l'ennemi dans la plaine pour mieux juger de ses forces et exécuter son plan d'attaque avec plus d'avantages. »

Doit-on croire que ce sont là ses véritables intentions ? Non, car cette première occasion qu'il vient de laisser échapper est suivie d'une deuxième bien plus favorable encore, ainsi que le prouve le maréchal Saint-Cyr. Il va sans doute la saisir et profiter aussitôt de l'immense avantage qu'il a sur les Russes, embarrassés et désunis dans des défilés! Pas davantage, le succès serait trop beau, il n'en veut pas, il ordonne la retraite.

Peu de jours après, il reçoit l'ordre formel d'attaquer l'ennemi. L'Empereur lui écrit : « Que le salut des armées en dépend, que tout jour de retard est une calamité. » Certes l'Empereur devait s'attendre que ces mots en disaient mille fois plus qu'il n'est nécessaire pour agir vigoureusement; mais il n'en sera rien, et cependant le maréchal Victor a des soldats qui ne demandent qu'à marcher en avant. Au lieu donc de tomber sur les Russes avec la rapidité de la foudre, il se contente d'attaquer le village de Smoliany, et après deux ou trois heures d'une lutte insignifiante et partielle, quand elle aurait dû être générale, il se retire, sans même se douter qu'il pouvait, s'il l'avait voulu, à Tschachniki comme à Smoliany :

1° Donner à l'Empereur la faculté de s'arrêter à Smolensk et d'y réorganiser en partie l'armée. Le général Okouneff, page 188, et le colonel Boutourlin, tome II, pages 208 et 209, ont écrit : « Ce furent les progrès de Wittgenstein sur les derrières de Napoléon qui le forcèrent d'abandonner précipitamment Smolensk. »

2° Fournir au 2° et au 9° corps la possibilité de reprendre Polotzk et la ligne de la Dwina.

3° Empêcher l'amiral Tschichagof de se porter sur la Bérézina , car, nous ne saurions trop le répéter, un succès à Tschachniki ou à Smoliany changeait totalement la face des opérations. Aussi, l'âme se resserre quand on acquiert la conviction des fautes énormes qui furent commises, lesquelles nous donnent le droit de dire qu'il n'y aurait pas eu les cruelles journées de la Bérézina, si le maréchal Victor avait fait son devoir le 30 septembre et le 14 octobre. Nous croyons l'avoir prouvé par tous les détails dans lesquels nous sommes entré, comme nous croyons que c'est à tort que M. Thiers a écrit, tome XIV, page 638 :

« Néanmoins, l'Empereur après avoir félicité Victor, le 28 au soir, des prodiges de valeur exécutés dans la journée, lui prodigua le lendemain 29, quand il connut la catastrrophe de la division Partouneaux, de sanglants reproches, revint sur le passé, sur le temps perdu le long de l'Oula en fausses manœuvres, et paya d'une excessive sévérité le plus grand service que Victor lui eût jamais rendu. »

D'abord, ce n'est point le 29 que l'Empereur connut la catastrophe de la division Partouneaux, mais le 27 au soir. Les renseignements que le général Gourgaud donne dans son ouvrage ne laissent aucun doute à ce sujet. Il en est de même pour les autres historiens de la campagne de Russie.

A la manière dont M. Thiers a parlé des reproches que l'Empereur fit au maréchal Victor pour sa conduite sur l'Oula, on doit nécessairement en conclure

qu'il y avait une très-grande ingratitude de la part de
l'Empereur à traiter ainsi un maréchal qui venait de
faire une défense héroïque ; mais nous ferons observer que l'Empereur était un trop grand capitaine pour
avoir besoin de connaître dans tous leurs détails les
malheureux incidents de Tschachniki et de Smoliany,
afin d'acquérir la certitude que le maréchal Victor n'y
avait pas agi comme il aurait dû le faire et ainsi que
l'indique l'historien lui-même, puisqu'il a écrit, page 589, « qu'il pouvait battre Wittgenstein. » Dans ce
cas, les reproches de l'Empereur étaient donc fondés,
et si, encore suivant l'historien, « Victor, au lendemain d'un admirable dévouement, se retira le cœur
contristé, » c'est qu'il sentit que ce dévouement lui
avait fait défaut à Tschachniki et à Smoliany, et que
les reproches de l'Empereur étaient justes. On trouvera sans doute que nous écrivons bien souvent ces deux
noms : Tschachniki, Smoliany. Pourquoi n'en con-
viendrions-nous point? Est-ce que le salut des armées
françaises ne devait pas se trouver dans ces deux positions, à moins cependant qu'on ne considère comme apocryphes les lettres de l'Empereur et les Mémoires du maréchal St-Cyr. Malheureusement c'est ce

que plusieurs historiens semblent avoir pris à tâche
de faire, non-seulement pour ce qui concerne le maréchal Victor, mais encore pour le prince de Schwartzenberg, qui, ainsi que nous l'avons dit, fut le deuxième des lieutenants de l'Empereur à qui la grande armée
doit le terrible passage de la Bérézina.

Pour justifier cette assertion les preuves ne nous
manqueront point.

Dans les premières pages de notre article sur la
Bérézina, nous avons dit, d'après le général Okouneff, page 195 :

« Le 19 novembre, l'amiral Tschichagof se trouvait
devant Borisow, qui deux jours plus tard tomba en
son pouvoir. »

Comment l'amiral se trouvait-il devant Borisow,
et comment, avant d'y arriver, s'était-il emparé de
Minsk?

Nous allons l'expliquer, ce qui nous donnera la
possibilité d'établir la série de preuves que nous avons
à fournir sur la conduite plus qu'extraordinaire du
prince de Schwartzenberg, puisqu'il fut cause que les
Russes devinrent maîtres. sans la moindre difficulté,
de cette position si importante de Minsk. Faute capitale, sur laquelle le général Okouneff a gardé le silence

le plus complet, sans doute parce qu'il lui aurait trop
coûté de blâmer le général qui contribua par son inaction au succès si heureux qu'obtint Tschichagof. Non
retenu par le même motif que l'historien russe, nous
n'hésitons point d'accuser le prince de Schwartzenberg d'avoir été un général inhabile ou plutôt un allié
douteux.

Cette prise de Minsk (16 novembre) ayant exercé
une funeste influence sur la fin de la campagne, nous
croyons qu'il convient, au lieu d'expliquer maintenant
de quelle manière cette ville fut prise, de dire en
quelques mots la position de l'armée française avant
cette époque, et quelles avaient été les prévisions de
l'empereur Napoléon.

En se portant de Smolensk sur Moskou, on ne peut
disconvenir que la grande armée avait formé en longueur une ligne considérable qui n'était plus en harmonie avec sa largeur. Pour obvier à cet inconvénient,
l'empereur avait établi deux grands dépôts entre
Wilna et Moskou : le premier à Minsk, position couverte à droite par le prince Schwartzenberg, s'opposant
aux tentatives des armées de Volhynie et de Moldavie
commandées, l'une par le général Tormassof, l'autre par
l'amiral Tschichagof, et à gauche par les 2e et 6e corps

d'armée sous les ordres des maréchaux Oudinot et Saint-Cyr, luttant contre le général Wittgenstein; le deuxième à Smolensk, où se trouvait le 9e corps d'armée sous les ordres du maréchal Victor.

Ces mesures assuraient non-seulement les communications sur les derrières de l'armée, mais encore elles donnaient la possibilité de prendre une bonne position, soit entre Smolensk et Witebsk, soit sur la Bérézina, sur la rive droite ou sur la rive gauche. Des vivres considérables avaient été rassemblés en Lithuanie. Il y avait à Minsk plus de 2,000,000 de rations de toutes espèces; Borisow en renfermait 200,000; il y en avait à Wilna, en farine, plus de 3,000,000, autant en viande; 9,000,000 en vin et eau-de-vie; des magasins considérables de légumes, fourrages et d'effets militaires de diverses natures; en un mot, à aucune autre époque autant de précautions n'avaient été prises; elles indiquaient clairement que l'empereur avait songé à cette ligne, et s'il ne put s'y établir, deux de ses lieutenants en furent la cause.

Nous avons démontré autre part que le maréchal Victor y contribua par sa conduite à Tschachniki, le 31 octobre, et à Smoliany, le 14 novembre.

Nous allons faire voir que celle du prince de

Schwartzenberg porta un coup aussi terrible et aussi inattendu à l'armée française.

Dans le fait, que pouvait-on attendre d'un général qui, comme nous l'avons prouvé ailleurs, commit des fautes énormes dans l'intervalle de la fin de juin à la fin de septembre, et ne fut pas mieux inspiré depuis cette dernière époque jusqu'à la fin de la campagne?

Nous l'établissons.

Le prince de Schwartzenberg, qui était resté sur la rive gauche du Styr trente jours dans le repos le plus complet (les Russes, moins nombreux que lui, en occupaient la rive droite à Lutzk et aux emvirons) ayant été averti que la jonction de l'armée de Volhy—nie avec celle de Moldavie s'était effectuée du 15 au 18 septembre, et ne se croyant plus assez fort pour lutter avec ses 42,000 hommes (26,000 Autrichiens, environ 12,000 Saxons, 4 à 5,000 Polonais, ces derniers soldats formaient le 7ᵉ corps d'armée sous les ordres du général Reynier), contre les 55 à 58,000 Russes des deux armées réunies, il quitta, le 21 septembre, sa position sur le Styr pour se porter en arrière de la Narew, de l'autre côté de Briansk, sur la route de Grodno à Varsovie par Bialystok, où il arriva le 12 octobre. Abandonnant ainsi, sans avoir engagé

une seule affaire sérieuse pendant toute sa retraite,
ce qu'on doit lui reprocher, la Volhynie, et découvrant
les positions si importantes de Minsk et de Wilna, sans
parler *de la grande armée, à la sûreté de laquelle,
comme aile droite, sa mission était de subordonner
tous ses mouvements.*

Sa mission était aussi, il est vrai, de couvrir Varsovie; mais alors pourquoi ne pas se rendre vers ce point
par la route de Wladimir et de Lublin? Loin de suivre
cette direction, il prit au contraire celle qui remonte
au nord vers Brzest, pour de là gagner Briansk, plus
au nord encore, quand il aurait dû s'établir à Wolkowisk et à Slonim, où il restait maître des routes de
Minsk et de Wilna.

Livré à lui-même et agissant d'après ses propres
inspirations, puisque le général Reynier n'y apportait
jamais d'obstacle, les deux villes de Minsk et de
Wilna devaient être pour lui du plus puissant intérêt
et éveiller continuellement son attention, car il serait
que parmi les papiers qu'on prit dans les bagages du
général Tormassof, lors de sa défaite de Gorodeczno
(12 août), se trouvait un ordre de bataille et de marches vers Wolkowisk et Slonim. Aussi, on ne comprend pas que le prince de Schwartzenberg, maître de
ces renseignements, qui alors n'étaient, il est vrai,

qu'hypotétiques, mais qui pourtant indiquaient des intentions sérieuses qu'il ne fallait pas oublier, et sachant en outre quelle importance il y avait à rester en communication avec les troupes à Smolensk et celles sur la Dwina, soit justement venu s'établir là où il était facile à son adversaire de lui enlever cette communication, ce qui arriva comme nous le dirons ailleurs. Au surplus, qu'était Varsovie dans la balance, comparativement aux avantages qui existaient dans la possibilité de se lier avec les fractions de la grande armée qui étaient entre lui et la masse principale de cette même grande armée, et par suite, de préserver les deux points de Minsk et de Wilna, et d'être à temps utile sur la Bérézina?

Cela est si vrai, que plus tard l'empereur fit écrire, par M. Maret, *de ne pas s'inquiéter de ce que feraient les Russes sur Varsovie, mais de marcher sans relâche sur Tschichagof pour l'empêcher de gagner la Bérézina.*

C'est justement le but que voulait atteindre l'amiral, et tout le reste était secondaire pour lui, puisque du Styr il suivit Schwartzenberg dans sa retraite, au lieu d'envoyer après lui une forte fraction de son armée, ainsi qu'il le fit un mois plus tard lorsqu'il se dirigea vers Minsk, et de se porter rapidement avec le reste de ses troupes sur Varsovie par la grande route qui y conduit de Lutzk par Wladimir et Lublin qu'abandonnait le général autrichien.

On en trouve la preuve incontestable dans ce qu'a écrit le colonel Boutourlin, tome 2, page 298 :

« Il prétend que d'après les instructions que l'amiral reçut à Luboml, huit jours après son passage du Styr, il n'avait d'autre but que de rejeter Schwartzenberg dans le duché de Varsovie et de marcher vers Minsk. *La direction de retraite du prince facilita singulièrement cette opération.* »

On dira sans doute que le général autrichien ne put connaître ces instructions, cela est vrai ; mais alors il était un général incapable ou un général qui n'était point maître de ses mouvements, pour n'avoir pas compris que puisque Tschichagof, plus fort que lui, ne se portait pas sur Varsovie par la route directe, et le suivait seulement jusqu'à Brzest, c'est qu'il voulait gagner les communications de Minsk et de Wilna.

Certes, il y avait donc dans les faits que nous venons d'expliquer, et qu'on ne peut contester, des motifs trop puissants pour ne pas agir autrement que ne le fit Schwartzenberg ; mais il faut le dire et le redire souvent, parce que ce fut une des calamités de la campagne, c'est que le prince ne suivit point les instructions de l'empereur, mais celles de son gouvernement dont on connaît la constante politique.

La suite de notre récit le démontrera clairement.

Le général Tormassof voulant profiter de la réunion des deux armées russes, se disposait à prendre l'offensive ,: lorsqu'il apprit que le prince de Schwartzenberg avait commencé sa retraite extraordinaire, que le maréchal Saint-Cyr, tome 3, page 215, a qualifiée · « *de retraite en dehors de toutes les règles de la tactique et même du simple bon sens.* » Le général Tormassof, disons-nous, se mit, le 22 septembre, à la poursuite de l'armée autrichienne. Le 30, à Lubolm, d'après l'ordre du maréchal Koutousoff, qui l'appelait à son armée pour y remplacer le prince Bagration, mort des suites de la blessure reçue à la bataille de la Moskowa, il quitta l'armée, dont l'amiral Tschichagof prit le commandement. Ce dernier continua à suivre le général autrichien en le serrant de près; mais n'ayant pu l'amener à accepter une bataille, il s'arrêta et s'établit dans les environs de Brzest sur le Bug, le 13 octobre; il fit occuper aussitôt Proujany par le général Sacken, avec ordre de pousser des détachements sur Slonim, Wolkowisk et Grodno, ce que ce dernier exécuta immédiatement, et par là, il intercepta les communications du prince Schwartzenberg avec Wilna et Minsk. Résultat fâcheux auquel celui-ci devait s'attendre dès qu'il se retirait vers Briansk. Résultat dont toute la responsabilité doit peser sur lui, et dont on ne peut le justifier, puisque rien ne s'opposait à ce qu'il pût l'empêcher s'il l'avait voulu. Mais ce qu'il y a de plus extraordinaire, c'est qu'il resta dans ses positions du 12 au 28 octobre, jour où il les quitta, sans faire une seule tentative pour rétablir ces communications, sur lesquelles l'amiral Tschichagof vint lui-même à Slonim, le 2 novembre, avec le gros de son armée.

Avant de passer outre, nous devons examiner ce que le général de Chambray a écrit sur la retraite du prince de Schawrtzenberg et sur sa halte dans les environs de Briansk.

Il dit, tome II, page 195 :

« Ce prince pouvait ou prendre la direction de Minsk pour couvrir cette ville, devenue si importante par les magasins considérables qu'on y avait réunis et par sa situation sur la seule communication qui restât à Napoléon, ou se retirer sur Varsovie pour couvrir cette capitale et le duché ; il prit le second parti et fit bien : il maintenait ses communications, empêchait l'envahissement du duché, et pouvait recevoir les secours que Napoléon devait s'efforcer de lui faire parvenir pour qu'il pût reprendre l'offensive. »

Comment le général de Chambray a-t-il pu commettre ces deux erreurs ? « Que Schwartzenberg se retira sur Varsovie, et que Minsk, par sa situation, était

la seule communication qui restât à l'empereur. » Ne
devait-il pas savoir, d'une part, que c'est vers Briansk,
au nord-est et à plusieurs myriamètres de Varsovie,
que se retira et s'établit le prince; et de l'autre, que
dans le mois de septembre, d'octobre, et jusqu'au
17 novembre, jour où le maréchal Ney, formant l'arrière-garde de la grande armée, quitta Smolensk, la
route de cette ville à Wilna par Witebsk, était parfaitement libre, et que l'empereur aurait pu la prendre,
comme il prit celle, plus au sud, qui passe par Orcha?
Quant à cette pensée que Schwartzenberg *fit bien* de
se retirer sur Varsovie, puisqu'il maintenait ses communications, on ne la comprend pas, car le général
de Chambray n'ignorait point (la plupart des historiens en conviennent) que les Russes étaient maîtres
des communications de Wolkowisk, de Slonime et
Grodno. Ces faits étant exacts, le prince de Schwartzenberg ne fit donc pas bien. Au surplus, comme
nous l'avons déjà dit, le maréchal Saint-Cyr, juge très-
compétent, s'est expliqué sans réserve sur cette singulière retraite du prince de Schwartzenberg. Le général de Vaudoncourt, non moins bon juge, a fait de
même, page 234. Aussi l'on s'étonne que le général
de Chambray, qui a beaucoup consulté cet historien,
dans lequel il a puisé bon nombre d'excellents renseignements, n'ait pas remarqué le blâme qu'il fait de

cette retraite vers Briansk. Ce qui étonne encore davantage, c'est que le général de Chambray n'a pas compris, ou n'a pas voulu comprendre, que si Minsk était par sa situation la seule communication qui restât à l'empereur, il n'y avait pas à hésiter, c'est là que le prince de Schwartzenberg devait se rendre pour conserver à tout prix cette communication, sans parler des nombreux et immenses magasins que renfermait Minsk. Donc le général de Chambray devait le blâmer de n'avoir pas agi ainsi, au lieu d'écrire qu'il fit bien.

Nous revenons aux opérations des généraux russes et autrichiens.

Nous avons dit autre part que l'amiral Tschichagof s'était arrêté et avait pris position, le 13 octobre, à Brzest et environs. Pendant le repos qu'il donna à ses troupes il envoya des partis de cosaques dans le duché, dont la ville de Varsovie fut sérieusement alarmée et dont le prince de Schwartzenberg s'inquiéta au point de faire occuper par les Saxons du général Reynier (7ᵉ corps) Biala sur la route de Varsovie à Brzest. A l'avis de cette occupation, Tschichagof se porta contre Reynier, qui ne l'attendit point et se retira vers Wengrod, route de Brianck à Varsovie. L'amiral n'ayant pas trouvé d'adversaires à Biala revint à Brzest et fit rentrer ses troupes dans leurs cantonnements.

Cet incident démontre clairement la faute qu'avait

commise Schwartzenberg, car il - est évident qu'en prenant position vers Briansk, il ne couvrait ni Varsovie, ni les communications de Minsk et Wilna. Qu'on jette un coup d'œil sur la carte, on verra avec quelle facilité l'amiral pouvait se porter de Brzest dans le duché par la route de Biala, non occupée pendant plusieurs jours par les troupes de son adversaire. Aussi, Tschichagof serait blâmable de n'avoir point cherché à utiliser sa position, plus sérieusement qu'il ne le fit, en envoyant dans le duché quelques partis de cosaques; mais nous ferons observer que sa conduite en cette circonstance démontre, une fois de plus, que la prise de Varsovie n'était point sa pensée dominante, car autrement il pouvait très-bien, en raison de sa force numérique, faire tenir en échec Schwartzenberg avec une partie de son armée, et marcher avec le reste sur la capitale du duché. Cette opération, possible alors, dut naturellement le préoccuper, et s'il ne l'exécuta pas, c'est qu'il y avait un résultat plus important à obtenir, celui d'arriver sur la Bérézina, après avoir enlevé Minsk et Borisow, et se mettre en communication avec Wittgenstein qui suivait le maréchal Victor dans sa retraite : opérations tracées dans les instructions reçues à Luboml, et auxquelles il se conforma en se mettant en mouvement après avoir donné un repos de 14 jours à ses troupes. Partagéant alors son armée en deux fractions à peu près égales, il en laissa une à Brzest, sous les ordres du général Sacken, afin de couvrir la Volhynie, faire face au prince de Schwartzenberg et lui masquer son mouvement. Ces mesures prises, il partit de Brzest le 27 octobre pour se porter dans la direction de Minsk; mais craignant un retour offensif de la part de Schwartzenberg, il mit beaucoup de lenteur dans ses premières marches, afin de pouvoir revenir au secours de Sacken s'il était attaqué par le prince.

Ayant acquis la certitude que ses craintes n'étaient pas fondées, il n'hésita plus à se diriger vers le but qu'il voulait atteindre, sans augmenter pourtant la rapidité de sa marche : lenteur que le général Okouneff, page 183, a raison de blâmer, car, décidé à se porter vers Minsk, l'amiral devait le faire à marches forcées; lenteur qui, étant reconnue et désapprouvée par l'historien russe, condamne le prince de Schwartzenberg de n'avoir pas su, ou plutôt de n'avoir pas voulu profiter des facilités que lui donnait Tschichagof pour entraver ou du moins ralentir sa marche vers Minsk. Observation qui n'est point sans une certaine valeur, car ce sont tous ces faits très-secondaires qui, joints aux faits principaux, fournissent la certitude bien complète que les Autrichiens ne furent pas des alliés sincères.

De son côté, le prince de Schwartzenberg, averti du départ de l'amiral et de la direction qu'il avait prise vers Minsk, se mit en mouvement à la même époque que son adversaire, après avoir donné l'ordre au général Reynier de venir le rejoindre, tout en masquant la marche qu'exécutait l'armée autrichienne ; mais, au lieu de courir vivement nuit et jour à la poursuite des Russes, ce qui était facile, puisque ses troupes se reposaient depuis trois semaines, le prince s'avança au contraire à si petites journées, qu'il n'arriva que le 14 novembre à Slonim, quand il aurait pu y être facilement le 7 et y attaquer Tschichagof qui ne quitta cette position que le 8. Ces faits ne pouvant être contestés, en disent plus que toutes les observations que nous présenterions. Mais admettons que le général autrichien, dont les forces étaient égales à celles de l'amiral (32 000 Autrichiens contre 33 000 Russes), ayant forcé la marche et se trouvant en face de ses adversaires, n'eût pas voulu les attaquer, parce que le général Reynier était en arrière, néanmoins sa présence dans le voisinage et sur les derrières de Tschichagof devait de toute nécessité retarder le mouvement de ce dernier sur Minsk, et donner le temps à l'empereur d'en approcher sans y trouver les Russes ; mais la fatalité avait voulu que les Autrichiens formassent la droite de la grande armée, comme les Prussiens en formaient la gauche.

Ainsi que nous venons de l'expliquer, le général Reynier était en arrière (deux marches). Au moment de quitter ses cantonnements, il laissa à Wengrod, pour couvrir Varsovie, les Polonais de son corps d'armée, 4 à 5 000 hommes; mais peu de jours après, il fit sa jonction dans les environs de Wolkowisk avec la division française du général Durutte (11e corps d'armée, maréchal Augereau, stationné sur l'Oder et la Vistule), division forte de 12 000 hommes de très-bonnes troupes, ce qui porta les forces du général Reynier à 17 000 combattants avec lesquels il était possible d'obtenir d'excellents résultats.

Pendant ce temps, le général russe Sacken, que l'amiral Tschichagof avait laissé dans les environs de Brzest avec un corps de 28 000 hommes, était constamment aux aguets sur les mouvements du prince Schwartzenberg. Dès qu'il connut celui qu'il exécutait et la position isolée du général Reynier, il se porta contre ce dernier avec 23 000 combattants ; 4 à 5 000 restèrent à Brzest et en Volhynie. Le 13 novembre, il le joignit à Lapénitza. Après un combat peu important, le général Reynier jugea convenable de se retirer vers Wolkowisk. Le 14, il y établit son quartier général, mais qui était si mal gardé, par quelques compagnies seulement, que le général Sacken, instruit de cette négligence, tomba à onze heures du soir sur ces compagnies, les culbuta, pénétra avec elles dans la ville, y jeta la plus grande confusion et faillit prendre le général Reynier, qui fut forcé de se retirer avec perte de bagages et d'environ 500 hommes. Les Russes, restés maîtres de la ville, ne purent cependant la conserver que quelques heures; le lendemain 15, ils en furent chassés dans la matinée. Le reste de cette journée s'écoula sans que rien de bien sérieux eût été fait par le général Sacken; seulement, l'heureuse surprise de Wolkowisk lui avait donné la possibilité de s'établir avec son armée entre le prince de Schwartzenberg et le général Reynier, position qui compromettait gravement celui-ci, si le prince, qui avait été instruit de la retraite opérée le 13 sur Wolkowisk par le 7ᵉ corps, ne lui envoyait sans tarder un renfort ou ne venait lui-même à son secours.

En effet, après avoir, dans la matinée du 16, fait enlever Wolkowisk, qu'en ce moment le général Reynier avait peu d'intérêt à garder, le général Sacken se porta avec toute son armée contre son adversaire, et l'attaqua vivement. Le général Reynier résista, mais sa position n'en devenait pas moins difficile, lorsque, vers trois heures, le canon se fit entendre derrière le centre des Russes. A ce bruit désiré, attendu et qui annonçait l'entrée en ligne de l'avant-garde autrichienne, le général Reynier, prenant aussitôt l'offensive, marcha sur Wolkowisk, en délogea l'ennemi, et se jeta vigoureusement sur sa gauche, pendant que les Autrichiens, dont le nombre augmentait à chaque instant, pesaient sur sa droite.

Ces attaques menées avec beaucoup d'énergie portèrent un tel désordre dans l'armée russe, qu'il ne resta plus au général Sacken d'autre parti à prendre que celui d'une retraite précipitée, qu'il commença à la chute du jour et continua pendant toute la nuit, à travers une forêt difficile, sur Swislocz, seul point qu'il pouvait alors atteindre, les autres lui étant fermés par les Autrichiens. A Swislocz même, il pouvait, le lendemain 17, subir un terrible échec, si le général Reynier avait été plus entreprenant, puisque, par une marche de nuit, il pouvait devancer les Russes à Swislocz en suivant la grande route qui y conduit de Wolkowisk, tandis que ces derniers ne pouvaient y arriver qu'à travers des bois et des chemins de traverse détestables.

Telle fut cette lutte de Wolkowisk, dont les jours suivants amenèrent des résultats non moins fâcheux pour le général Sacken ; mais, avant d'en parler, nous devons faire connaître ce que M. Thiers a écrit sur cet événement de Wolkowisk. Voici ce qu'on lit tome XIV, pages 656 et 657 :

« Le prince de Schwartzenberg, après avoir reçu 5 à 6 000 hommes de renfort, était revenu à Slonim, et le général Reynier s'était avancé vers la Narew pour donner la main à la division Durutte qui venait de Varsovie. Ce dernier avait rencontré sur son chemin le général russe Sacken, l'avait attiré à lui et lui avait fait essuyer un sanglant échec. Le prince de Schwartzenberg, averti à temps, s'était rabattu sur le flanc de Sacken, l'avait assailli à son tour, et avait contribué à le rejeter en désordre vers la Volhynie. »

Nous nous abstiendrons de toute réflexion sur ce paragraphe; mais ne doit-on pas s'étonner que le fait dont il rend compte diffère si essentiellement de celui qui eut lieu? D'abord, le prince de Schwartzenberg n'était pas revenu à Slonim, position qu'il n'avait ni occupée, ni quittée, puisque du Styr il s'était porté dans les environs de Briansk, car nous ne pensons pas que l'historien ait voulu parler de l'occupation de Slonim par le prince dans les premiers jours de juillet. Ensuite, le général Reynier ne s'était point avancé sur la Narew pour donner la main à la division Durutte. Afin de suivre le mouvement des Autrichiens vers Slonim, il s'était au contraire porté de Wengrod par Brianck, Swislocz, à Wolkowisk, où il se réunit à la division Durutte. D'après M. Thiers, ce serait entre Varsovie et la Narew, et avant sa réunion avec le général Reynier, que le général Durutte aurait rencontré sur son chemin Sacken, l'aurait attiré à lui, et lui aurait fait essuyer un sanglant échec ; tandis que c'est le général russe qui prit l'offensive le 13 à Lapénitza près de Wolkowisk ; que dans la nuit du 14 il surprit Reynier dans Wolkowisk, et lui fit subir des pertes assez sensibles en bagages et en hommes ; que le 16, il l'attaqua de nouveau avec l'espoir de l'écraser, mais que l'arrivée des Autrichiens changea son espoir en une défaite sérieuse. Encore suivant M. Thiers, ce choc, où les Saxons et les Autrichiens se réunirent et agirent simultanément, ne se serait point passé ainsi : le général Durutte aurait d'abord battu le général Sacken, puis le prince de Schwartzenberg, averti à temps, l'aurait assailli à son tour, etc...; ce qui établit deux affaires au lieu d'une seule dans laquelle les troupes de Reynier et de Schwartzenberg menèrent rudement les Russes. Le lecteur pourra apprécier la différence des deux versions.

Nous avons laissé Sacken se retirant sur Swislocz, où il arriva dans la journée du 17, et qu'il dut abandonner aussitôt, tant il était serré de près. Poursuivi sans relâche et l'épée dans les reins pendant plusieurs jours, il dut se retirer jusqu'à Luboml et Kowel, perdant ses bagages, une partie de son artillerie et 12 000 hommes, dont 7 à 8 000 prisonniers.

De leur côté, le général Reynier et le prince de Schwartzenberg s'arrêtèrent le 26, le premier à Brzest, le deuxième à Boulkow, entre Kobrin et Brzest.

Malheureusement, ce beau succès du 16 novembre et ceux des jours suivants, succès qui eussent été si heureux en d'autres moments, ne pouvaient empêcher la prise de Minsk, qu'il importait pourtant de conserver à tout prix, ainsi que le prescrivaient toutes les instructions de l'empereur.

Dans ce même succès du 16, qui lui donnait l'entière liberté de tous ses mouvements, le prince de Schwartzenberg ne voulut pas même comprendre qu'en laissant le général Reynier pour contenir Sacken, hors d'état de reprendre l'offensive, il pouvait partir le 17 de Wolkowisk pour Minsk, non afin de sauver cette ville tombée au pouvoir des Russes le 16, mais pour arriver le 25 dans ses environs, ce qui lui était facile et eût été très-heureux ; car il est constant que si l'armée autrichienne se fût trouvée près de Minsk au moment où l'empereur arrivait sur la Bérézina, Tschichagof, pris alors entre la grande armée et le prince de Schwartzenberg, aurait été forcé d'abandonner Borisow, et le passage de la Bérézina s'y effectuait avant que Witgenstein et Koutousoff eussent pesé sur l'armée française. Mais au lieu de suivre cette marche indiquée par les événements, et dont les résultats eussent été immenses, ce qu'il aurait dû voir, si au fond du cœur il n'avait été l'ennemi de la France, le général autrichien agit tout autrement : il jugea plus convenable de suivre Sacken jusqu'à Boulkow, bien qu'en passant à Kobrin il eût reçu, le 24, une dépêche de M. Maret, datée de Wilna, courant après lui depuis plusieurs jours, et qui l'engageait à rétrograder promptement sur Minsk, dépêche à laquelle il se conforma en se mettant en marche le 27 ; mais il était trop tard, la grande armée était à Wilna lorsque, le 10 décembre, il arriva à Nowogrodek qu'il ne put dépasser.

Que de tristes et douloureuses réflexions naissent de l'appréciation non-seulement de cette conduite du prince de Schwartzenberg, pendant la période du 27 septembre au 10 décembre, mais encore de celle non moins fâcheuse dans les événements qui précédèrent cette époque ! Aussi, malgré le désir qu'on éprouve de n'avoir rien à lui reprocher, ses actes parlent trop haut pour qu'il ne soit pas permis de le condamner. En effet, qu'on examine attentivement ce qui s'est passé, que remarque-t-on ?

A l'ouverture de la campagne, le prince de Schwartzenberg, malgré ses instructions, n'arriva sur le Bug et ne le passa que le 1er juillet, quand ces deux opérations auraient dû être terminées le 27 juin ; retard inexcusable de quatre jours, lorsque les minutes étaient en quelque sorte comptées.

Du 3 juillet, jour où il occupa Proujany, il resta quatorze jours sans bouger; inaction qui permit à Tormassof d'organiser son armée, non encore réunie à l'époque où les Autrichiens arrivèrent non loin de lui; inaction si extraordinaire, que l'empereur écrivit de Wilna le 11 juillet : « S. M. juge convenable que ce soit le général Reynier qui reste en observation pour couvrir le duché de Varsovie, et non le prince de Schwartzenberg. Bien des motifs déterminent S. M. sur ce sujet. »

A Gorodeczno, le 12 août, ainsi que nous l'avons démontré dans de précédentes observations, le prince de Schwartzenberg pouvait faire subir des pertes énormes à Tormassof. Suivant le maréchal Saint–Cyr, tome III, page 211, « il devait obtenir une victoire éclatante et peut-être détruire l'armée russe. »

Qu'on lise les relations diverses de cette bataille, toutes laissent dans l'esprit cette pensée que la remarque du maréchal Saint-Cyr est juste, et que si le résultat qu'il indique ne fut pas obtenu, c'est que le prince de Schwartzenberg ne le voulut point.

La bataille de Gorodeczno gagnée, mais sans autre avantage que celui de forcer les Russes à se retirer, il suivit ses adversaires avec une telle lenteur, qu'ils purent se rendre tranquillement derrière le Styr, sans éprouver un seul de ces échecs qui sont le résultat de là poursuite incessante d'une armée victorieuse et plus forte numériquement que celle qui a été battue et dont le moral est ébranlé.

Le prince de Schwartzenberg resta sur les bords du Styr, en face des Russes qui n'avaient reçu aucuns renforts, près d'un mois dans le repos le plus complet; et pourtant l'empereur lui avait écrit,

D'abord, de Ghibokoë, le 12 juillet :

« *La meilleure manière de couvrir le duché de Varsovie, c'est d'entrer en Volhynie, de faire partout des confédérations et d'insurger le pays.* »

Ensuite de Witebsk, le 2 août :

« *Le prince de Schwartzenberg doit marcher sur Tormassof, lui livrer bataille et le suivre partout jusqu'à ce qu'il en soit venu à bout.* »

Enfin, de Witebsk encore, le 3 août :

« *Je désire que le prince de Schwartzenberg marche avec rapidité, attaque et culbute l'ennemi.* »

Des ordres aussi formels amenèrent-ils l'entière défaite de Tormassof? Eh! mon Dieu non! parce que ce n'était point la volonté bien nette et bien arrêtée du prince de Schwartzenberg.

Un russe, le colonel Boutourlin, semble le confirmer en écrivant, tome II, pages 113 et 114 :

« Le prince de Schwvartzenberg aurait dû agir plus vigoureusement qu'il ne le fit. En poursuivant

vivement Tormassof, il aurait pu se flatter de lui faire
éprouver de grandes pertes dans sa longue retraite.
Peut-être avait-il reçu l'ordre de ne point dépasser la
ligne du Styr et de ne pas s'enfoncer trop avant dans
la Volhynie. »

Les lettres de l'empereur que nous venons de transcrire prouvent clairement que si le prince de Schwartzenberg avait reçu cet ordre, il n'émanait pas du souverain sous le commandement duquel il était placé.
Son inaction n'est donc ni naturelle ni justifiable.

Lorsque le 21 septembre il abandonna les bords du
Styr pour exécuter sa retraite, il ne prit aucune disposition ayant pour but de s'opposer au passage de
vive force que les Russes, en prenant l'offensive,
allaient être obligés d'effectuer. Le colonel Boutourlin, tome II, page 116, « est étonné de ce que les Autrichiens se mirent en retraite sur tous les points sans
présenter la moindre résistance. »

Dès que le prince de Schwartzenberg était décidé à
se retirer, il aurait dû faire filer devant lui tout ce qui
pouvait embarrasser sa marche, afin que, parfaitement libre dans tous ses mouvements, il pût s'arrêter,
marcher, attaquer, en un mot saisir toutes les occasions de faire du mal à l'ennemi. Rien de tout cela
n'eut lieu. Seulement, deux fois il prit position pour
attendre les Russes et leur livrer une bataille; mais

dès qu'ils parurent et se disposèrent à l'aborder, il continua sa retraite. Le colonel Boutourlin le confirme, tome II, pages 111 et 302.

Arrivé à Brzest, se dirigea-t-il sur Proujany, pour de là gagner Wolkowisk et Slonim, afin de couvrir, selon les instructions de l'empereur, les points si importants de Minsk et de Wilna? Tout au contraire, il abandonna cette direction à Tschichagof, pour se retirer et s'établir vers Briansk où il ne protégeait même pas Varsovie, puisque les Russes y jetèrent l'épouvante avec leurs troupes légères.

Pendant son repos dans les environs de Briansk, il ne fit aucune tentative pour reprendre les communications sur lesquelles s'était établi l'amiral, et il ne se décida à envoyer le 7e corps à Biala, route de Brzest à Varsovie, que quand il eut appris que depuis plusieurs jours le duché était parcouru par des troupes légères russes.

Au départ de son adversaire dans la direction de Minsk, au lieu de se mettre vivement à sa poursuite, il apporta au contraire une lenteur extrême dans sa marche, et quand à Slonim il fut instruit que Reynier, serré de près par Sacken, avait, le 13 novembre, à la suite de l'affaire de Lapénitza, fait sa retraite sur Wolkowisk, il aurait dû lui envoyer un renfort d'une dizaine de mille hommes, et continuer, avec les

22,000 qui lui seraient restés, à serrer Tschichagof, tandis qu'il cessa de le suivre et vint avec son armée entière au secours de son lieutenant.

Agit-il ainsi par suite du traité avec l'Autriche, dans lequel il était stipulé que le corps autrichien ne pourrait être divisé et formerait toujours un corps distinct? Nous ne le pensons pas, parce que, dans cette circonstance, le cas n'était pas applicable, puisque le 7e corps faisait partie de son armée; et d'ailleurs, comme le dit avec raison le général de Chambray, tome II, page 411, si le prince avait voulu suivre le le traité à la lettre, il devait alors envoyer Reynier à la poursuite de Tschichagof et se charger de contenir Sacken.

Après avoir été victorieux de ce dernier à **Wolkowisk**, ce qu'il avait de mieux à faire, et ce qu'indiquait le simple bon sens, c'était de revenir en toute hâte sur les traces de l'amiral. Loin de là, il préféra poursuivre pendant plusieurs jours encore, ce qui l'éloignait davantage de sa véritable destination, le Russe qui venait d'être largement battu, et qui ne demandait plus qu'à être accompagné par Reynier, qu'on aurait pu renforcer de 5 à 6,000 hommes.

S'arrêta-t-il aussitôt, quand il reçut la dépêche de M. Maret qui l'engageait à se porter promptement sur Minsk? Mon Dieu non! Il continua à poursuivre Sacken encore pendant deux jours, et il ne rétrograda que quand il n'était plus temps.

Ce résumé succint et exact des diverses opérations du prince de Schwartzenberg pendant la campagne, doit indiquer suffisamment le motif qui nous a porté à le présenter, car il doit démontrer que nous ne nous sommes point trompé en disant, autre part, que le général autrichien suivit plutôt les instructions de son gouvernement que les ordres de l'empereur.

En parlant de la défaite de Sacken et de la poursuite du prince de Schwartzenberg, M. Thiers a présenté des observations qui, comme beaucoup d'autres de son ouvrage, paraissent si spécieuses, qu'en portant la conviction dans l'esprit elles semblent ne laisser aucune prise à la controverse, et pourtant, quand on les examine attentivement, on ne les trouve pas toujours aussi justes qu'on est disposé à le croire au premier instant. Nous pensons qu'il en est ainsi pour les observations relativement à la conduite du prince de Schwartzenberg quand il cessa de poursuivre Sacken.

Voici ce qu'on lit, page 657 :

« Si, dès le 19 ou le 20 novembre, on eût parlé clairement au prince de Schwartzenberg, si on ne se fût pas borné à lui dire, comme le faisait M. Maret, que tout allait bien à la grande armée, que l'empereur revenait de Moskou victorieux, si on lui eût dit au contraire que l'armée arrivait poursuivie, cruellement traitée par la saison, que son retour à Wilna n'était assuré qu'à la condition d'un puissant secours, certainement le prince de Schwartzenberg, arraché à sa timidité par sa loyauté personnelle, aurait marché, et il pouvait être à Minsk avant le 28 novembre, à Wilna avant le 10 décembre. »

Si, dès le 19 ou le 20 novembre, on eût parlé clairement au prince de Schwartzenberg, dit M. Thiers! Mais il a oublié, en s'exprimant ainsi, ce qu'il a écrit des dispositions peu favorables du prince, lesquelles imprimèrent toujours à sa conduite une direction contraire à ce qu'elle aurait dû être.

Qu'on lise donc les pages 514, 516, 550, 555 et 586 du 14e volume; on y trouvera la preuve qu'il n'était pas possible de parler plus clairement au prince de Schwartzenberg qu'on ne l'avait fait, en lui donnant ordre sur ordre d'empêcher Tschichagof d'arriver à Minsk et sur la Bérézina.

M. Fain ne l'affirme-t-il pas en écrivant, tome II, pages 269 et 270 : « Faites en sorte que les Russes que vous avez devant vous ne reviennent pas sur moi. » Tels sont les ordres que l'empereur a constamment donnés au prince de Schwartzenberg. Ils ont été répétés de toutes les manières.

M. Thiers ne le dit-il pas lui-même, tome XIV, pages 536 et 555, où on lit :

« 1° De Dorogobouge, le 5 novembre, l'Empereur
fit écrire au prince de Schwartzenberg, par M. Maret,
de ne plus tâtonner entre Brzest et Slonim, de laisser
le corps de Sacken, qui n'était pas bien dangereux
pour Varsovie, que bientôt, d'ailleurs, on accablerait
d'autant plus sûrement qu'il aurait été plus téméraire, et
de marcher à Tschichagof sans relâche, car la présence
de ce général russe sur la Bérézina, c'est-à-dire sur
la ligne de retraite de la grande armée, pouvait être
désastreuse.

« 2° A Smolensk, le 10 novembre, l'Empereur fit
écrire pour la seconde fois au prince de Schwartzenberg
de poursuivre vivement Tschichagof, afin de le prendre
en queue avant qu'il pût tomber sur nous. »

Mais ces renseignements sont-ils donc nécessaires
pour établir qu'on avait parlé clairement au prince de
Schwartzenbezg ? L'Empereur n'était-il pas le grand
capitaine pour n'avoir point compris la situation fâcheuse que Tschichagof pouvait faire à la grande armée, si on le laissait s'emparer de Minsk et s'établir
sur la Bérézina, et pour avoir négligé de prescrire les
moyens de l'empêcher ? Vouloir le contraire, c'est nier
cette étonnante perspicacité dont il était si grandement
doué.

Disons donc que de ces documents il doit ressortir la preuve que le prince de Schwartzenberg avait été averti, de toutes les manières, d'agir rigoureusement contre Tschichagof, et qu'il savait en outre que l'armée française avait besoin de son énergique coopération. Puisqu'il ne l'a point fait, il est donc coupable.

Mais supposons qu'il n'eût reçu aucun ordre. Tout autre général que le général autrichien aurait compris qu'à l'instant où l'amiral se dirigeait sur Minsk, il fallait à tout prix entraver ce mouvement. Le prince de Schwartzenberg n'était pas son allié assez sincère pour agir aussi rigoureusement.

Disons encore que d'après ces mêmes documents ou ces ordres si rapprochés l'un de l'autre, ce qui indiquait l'importance que l'Empereur y attachait, il est bien difficile d'admettre que M. Maret, qui les recevait et les transmettait, ait pris sur lui d'écrire tout le contraire au prince de Schwartzenberg et l'ait induit en erreur au point de paralyser sa bonne volonté, s'il en exista réellement chez lui dans cette campagne. Que M. Maret lui ait parlé de victoires, c'est possible, parce que Malo-Jaroslavetz, Wiasma, Krasnoï ne furent pas des défaites pour la grande armée ; mais, d'un autre côté, il n'est point probable qu'il lui ait caché que la présence de Tschichagof sur la Bérézina pouvait être désastreuse, puisque les ordres de l'Empereur le disaient formellement. Il résulte de ces faits que le langage de M. Maret, avant et vers le 19 ou le 20 novembre, n'eut point d'influence sur les actes du prince de Schwartzenberg, et n'en pouvait avoir si ce prince avait voulu se porter sur la Bérézina ou même avait songé à y arriver le 28.

Il est vrai que M. Maret dit au prince de Schwartzenberg, dans une lettre de Wilna du 4 décembre, qu'à la Bérézina l'Empereur a battu Wittgenstein et Tschichagof; mais cette lettre renferme aussi ces mots : « Sa Majesté attache la plus grande importance à ce que vous suiviez le mouvement de l'armée ; manœuvrez dans le sens de la position qu'elle occupe. La rapidité de votre marche aura une grande influence sur l'état des affaires. »

Cette lettre parle bien de victoires ; mais comme elle indique ce que devait faire le prince de Schwartzenberg, il pouvait, s'il l'avait encore voulu, être le 10 décembre à Wilna. Nous pensons donc que M. Thiers s'est trompé dans l'appréciation que renferme la page 657.

Maintenant, d'après ces explications, d'après le résumé que nous avons présenté des faits dans lesquels le prince de Schwartzenberg joue un rôle important, d'après ce que M. Thiers dit de lui dans les pages que nous avons désignées, il est positif que sa conduite contribua puissamment aux malheurs de la campagne. La plupart des historiens, en y comprenant le général de Ségur et le colonel Boutourlin, la désapprouvent ou la condamnent. Le général de Chambray, quoiqu'en cherchant à atténuer les fautes du prince, partage néanmoins leur blâme. En un mot, ceux qui en parlent conviennent qu'il ne fit pas ce qu'il aurait dû faire, et que dès lors il est impossible que son gouvernement ne lui eût point tracé la conduite qu'il tint.

A l'époque où ces historiens, sans l'affirmer positivement, en disaient cependant assez pour faire comprendre qu'il dut en être ainsi, le doute pouvait encore exister ; mais aujourd'hui il n'est plus possible : M. Thiers vient de déchirer le voile qui s'opposait à ce que chacun pût voir de quelle manière l'Empereur fut trompé dans la campagne de Russie par l'Autriche, qui se disait son alliée, et qui, au mois de février 1810, donnait une impératrice à la France.

Voici ce que M. Thiers a écrit, tome XIII, page 496 :

« Il déclare qu'il a lu la correspondance de l'empereur Alexandre avec l'amiral Tschichagof, dans laquelle il a trouvé la certitude qu'en avril 1812, au moment où l'empereur de Russie allait partir de Saint-Pétersbourg pour Wilna, quartier général de l'armée de Lithuanie, il reçut une communication assez satisfaisante.

« L'Autriche fit dire qu'il ne fallait prendre aucun ombrage du traité d'alliance qu'elle venait de conclure avec la France, qu'elle n'avait pu agir autrement, mais que les 30 000 Autrichiens envoyés à la frontière de Gallicie y seraient plus observateurs qu'agissants, et que la Russie, si elle n'entreprenait rien contre l'Autriche, n'aurait pas grand'chose à craindre de ces 30 000 soldats. »

Est-ce clair ? Ce document ne fournit-il pas la preuve la plus complète que dans la campagne de Russie, malgré toute la loyauté personnelle dont, suivant M. Thiers, était doué le prince de Schwartzenberg, en admettant même qu'il n'eût point partagé les idées de son gouvernement, ce qui n'est guère possible, cette loyauté ne pouvait jamais paraître au grand jour, ni produire de résultats vraiment favorables à l'armée française, parce que les ordres venant de Vienne s'y opposaient?

Ce document ne fournit-il pas encore la preuve que dans cette même campagne, l'alliance de l'Autriche fut un malheur pour la France, et que le prince de Schwartzenberg, comme nous l'avons dit autre part, était le deuxième des lieutenants de l'Empereur qui, par ses mauvaises dispositions ou plutôt par son mauvais vouloir, amena le terrible passage de la Bérézina tel qu'il fut exécuté ?

On aura beau dire et beau faire, il est impossible qu'on ne partage pas cette opinion si on examine attentivement comment les faits se sont passés, et dès lors on pensera aussi qu'il n'y aurait pas eu le douloureux et en même temps glorieux épisode de la Bérézina, si le maréchal Victor et le prince de Schwartzenberg avaient voulu comprendre leur mission. En nous exprimant ainsi, nous trompons-nous? Malheureusement non, car toutes nos recherches dans les nombreux ouvrages qui ont parlé de cet événement, toutes les comparaisons que nous avons faites des uns et des autres, tous nos efforts pour découvrir la vérité dans ce que leurs auteurs ont écrit ou dans ce qu'ils ont caché, tout cela, disons-nous, nous a démontré que nous ne commettions point d'erreur, et a fixé pour toujours notre opinion sur les désastres de cette époque, dont on doit déplorer les causes. Puissent nos lecteurs la partager, car il est bon qu'on sache que si les dispositions de l'Empereur ne purent amener le résultat qu'il en attendait, il n'y eut aucunement de sa faute; la suite de notre récit le démontrera. Mais, avant de rentrer dans la narration de la Bérézina, nous croyons utile de combattre les observations du colonel Boutourlin sur la manière dont le général Sacken dirigea ses opérations du 10 au 26 novembre.

« Cet historien prétend, tome II, page 349, que la

conduite à la fois prudente et hardie de ce général mérite d'être remarquée ; que le prince de Schwartzenberg en se portant, par une marche très-active, du Bug à Slonim, tournait la droite de Sacken et se plaçait entre lui et l'armée de l'amiral Tschichagof ; que le général Sacken, forcé de renoncer à l'avantage de former ligne intérieure avec l'amiral, résolut de détourner sur lui toute l'attention du prince de Schwartzenberg, en serrant de près le général Reynier, afin de menacer le derrière des Autrichiens, ce qui devait les amener sur lui. L'événement ayant justifié son calcul, il continua à faire tête aux forces supérieures de l'ennemi, sans jamais se laisser entamer. Il réussit ainsi à ramener les Autrichiens sur Brzest et à faire gagner à l'amiral le temps nécessaire pour s'établir sur la Bérézina. »

Nous nous serions abstenu de réfuter ce paragraphe, s'il ne renfermait des inexactitudes dont une surtout est importante, et si la conduite du général Sacken avait été complétement basée sur les motifs avancés par l'historien russe. Il nous semble qu'en cette circonstance il lui donne un mérite qu'il porte beaucoup trop haut et qu'il convient, non de nier, mais de rétablir à sa juste valeur.

D'abord, le prince de Schwartzenberg ne se porta point rapidement du Bug à Slonim ; il mit, au contraire, une très-grande lenteur dans sa marche, puisqu'il n'arriva que le 13 novembre à Slonim, quand il pouvait y être facilement le 7. Ensuite, le général Sacken, comme l'amiral Tschichagof, comme tous les autres généraux de son armée, avaient pu apprécier la manière d'opérer du prince Schwartzenberg depuis l'ouverture de la campagne. Ils savaient tous positivement qu'une espèce de convention existait entre l'Autriche et la Russie, et dès lors qu'on pouvait agir contre le général autrichien autrement qu'on ne l'aurait fait, si on avait eu pour adversaire un général dont les mains n'auraient pas été en quelque sorte liées par son gouvernement, circonstance qu'il ne faut point oublier parce qu'elle a une grande valeur.

Le général Sacken, en se portant contre le général Reynier, ne faisait donc que ce que tout autre général aurait fait à sa place.

Le prince de Schwartzenberg vint au secours, il est vrai, du général Reynier; mais ce retour aurait-il été possible, si, dès leur départ de Briansk, les Autrichiens avaient serré de près l'amiral? Certainement non, car ils se seraient trouvés trop éloignés du 7e corps pour arriver à temps à son aide, en admettant toutefois, ce qui n'est point probable, que ce dernier n'aurait pas suivi la marche rapide de la masse principale. Dans l'hypothèse où la marche de l'armée entière du prince de Schwartzenberg eût été ce qu'elle aurait dû être, Sacken n'aurait donc pu peser sur Reynier, lequel alors ne se serait point trouvé dans la nécessité d'être secouru ; et si le secours avait été d'une dizaine de mille hommes, au lieu d'être Schwartzenberg lui-même avec tout son corps, la position n'était-elle pas encore changée?

On répondra sans doute que les faits s'étant passés autrement, le résultat fut celui indiqué par le colonel Boutourlin, cela est vrai ; mais nous disons que Sacken ne l'obtint que parce qu'il se trouva en présence d'adversaires dont le principal lui avait fourni la possibilité de l'obtenir, et qu'alors il n'y avait de sa part ni prudence ni hardiesse à opérer ainsi qu'il le fit.

Nous ne comprenons pas, en outre, comment l'historien russe a pu écrire : « Le général Sacken fit tête aux forces supérieures de l'ennemi et réussit à ramener les Autrichiens sur Brzest sans jamais se laisser entamer », quand il est certain que, largement battu le 16 à Wolkowisk, il fut poussé l'épée dans les reins jusque près de Luboml, avec perte de ses bagages, d'une partie de son artillerie et de 12 000 hommes, dont 7 à 8 000 prisonniers.

Si c'est là ramener avec prudence et hardiesse (expressions du colonel Boutourlin) un adversaire qu'on veut attirer vers une position choisie, il faut convenir

que le général Sacken employa un singulier moyen.
On pourra peut-être dire que s'il fit de grandes pertes,
elles furent largement compensées par la possibilité
qu'il donna à Tschichagof d'arriver sur la Bérézina,
résultat que ce dernier n'aurait pu obtenir si Sacken
n'avait attiré à lui Schwartzenberg. C'est encore vrai ;
mais, pour que ces faits se fussent ainsi produits, il
fallait que Sacken eût pour adversaire un général
autrichien qui commandait en chef ; sans ce malheur,
on peut dire hautement que ces mêmes faits se seraient passés d'une manière bien différente.

Nous avons laissé Tschichagof se dirigeant sur
Minsk. Nullement entravé dans sa marche depuis que
Schwartzenberg l'avait abandonné, il arriva devant
cette ville le 16 novembre et s'en empara sans coup
férir. S'étant porté le 19 sur Borisow, il en repoussa,
le 21, les troupes qui défendaient cette position ; succès
d'une portée immense, puisque l'amiral se rendait
maître d'un point où l'armée française, en retraite,
espérait traverser la Bérézina. Par l'occupation de
Borisow, Tschichagof pouvait, en outre, lui barrer
les autres points de passage, ou du moins les entraver
sérieusement. Nous expliquerons plus loin les causes
qui s'opposèrent à ce qu'il obtînt ce résultat ; mais
celui qu'il avait obtenu en s'emparant de Minsk et de
Borisow devait surprendre vivement l'empereur, qui,

en quittant Krasnoï, pouvait espérer tout le contraire de ce qui venait d'arriver, car il n'entrait point dans sa pensée qu'on ne ferait rien pour conserver ces deux positions jusqu'au moment où la grande armée en approcherait; mais malheureusement la ville de Minsk avait pour gouverneur le général polonais Bronikowski, lequel ne comprit pas que la retraite de Schwartzenberg, du Styr à Briansk, laissait à découvert ce qu'il fallait garantir à tout prix, et que dès lors Tschichagof profiterait de cette faute pour se rendre maître de ce qu'il convoitait ardemment. Lorsque l'on fut certain à Minsk que l'amiral marchait pour obtenir ce résultat, un autre que Bronikowski aurait fait connaître sa position :

1° Au maréchal Oudinot, lequel dans le moment se retirant sur Bor, non loin de Borisow, n'aurait pas manqué de hâter sa marche sur ce dernier point, que les instructions de l'empereur lui recommandaien particulièrement.

2° A M. Maret, à Wilna, qui aurait fait partir aussitôt pour Minsk la division du général Loison, forte de 15 000 hommes de troupes fraîcnes, laquelle, jointe aux bataillons de marche que le général Bronikowski aurait dû arrêter à Minsk dès qu'il connut le mouvement de l'amiral, aux troupes du général Dombrowski, non loin de Minsk, et à celles du maréchal

Oudinot, aurait complété un total de plus de 35 000 hommes, capables de couvrir Minsk et Borisow, et d'assurer la position de la Bérézina.

Au lieu de prendre ces mesures, que la situation aurait indiquées aux moins clairvoyants, le général Bronikowski se contenta d'envoyer un faible détachement à Nowoï-Swerjen sur le Niémen, avec l'ordre formel au général qui le commandait, d'y résister quel que soit le nombre d'ennemis qui se présenterait; d'écrire ensuite au prince Berthier que ce détachement suffisait pour arrêter les Russes, qui n'avaient que des partis de ce côté, et que même ce détachement fût-il battu, ce qui advint le 13 et le 15 novembre, il était certain de conserver Minsk, qu'il s'engageait de défendre. Promesse mensongère, puisqu'il l'abandonna sans faire la moindre résistance.

Tant d'imprévoyance, de présomption ou plutôt d'incurie, amena le résultat qu'on devait en attendre : Minsk tomba le 16 au pouvoir de Tschichagof, et le 21, malgré la glorieuse résistance du général Dombrowski, qui s'y trouvait depuis la veille, Borisow éprouva le même sort ; ville qu'il était cependant possible de conserver, si le général Bronikowski, qui y était arrivé le 16, avait utilisé ces cinq jours pour la mettre à l'abri d'un coup de main, ce qu'il pouvait faire facilement avec toutes les ressources qui s'y trouvaient.

Pour justifier le général Bronikowski, si cela est possible, des historiens prétendent, les uns, que la ville de Minsk n'étant point fortifiée, il était impossible d'empêcher qu'elle ne fût prise dès que l'ennemi s'y présenterait en force; d'autres, « que le détachement hors de la place avait été perdu en partie par la faute d'un nouveau régiment lithuanien qui avait jeté ses armes, et qu'à Borisow les généraux Bronikowski et Dombrowski, après avoir défendu d'une manière opiniâtre la tête de pont de Borisow sur la Bérézina, après avoir repoussé plusieurs assauts, perdu 2 à 3 000 hommes, avaient été obligés de se retirer en arrière de Borisow et d'abandonner le pont de la Bérézina. »

Il est vrai que Minsk n'ayant qu'un mur d'enceinte, ce n'est point sur ce mur que son gouverneur devait compter, mais sur les moyens qui étaient alors à sa disposition. En prenant les mesures que nous venons d'indiquer, il évitait une catastrophe, car on ne peut supposer qu'il n'avait pas compris qu'en amoncelant à Minsk et à Borisow une énorme quantité d'approvisionnements de toutes les espèces, l'intention n'était pas de les laisser enlever sans combattre. Mais admettons que Bronikowski n'avait point la possibilité d'arrêter la marche des Russes : alors, il ne devait pas hésiter, il fallait imiter l'exemple que l'ennemi donnait depuis le commencement de la campagne, détruire, avant de quitter Minsk, tout ce que renfermaient ses nombreux magasins; précaution que n'aurait point négligée Tschichagof, puisque ayant appris à Minsk, avant son départ pour Borisow, que des Autrichiens s'étaient montrés à Neswige, et craignant que ce ne fût l'avant-garde de Schwartzenberg marchant sur Minsk avec son armée, il ordonna au général qui y commandait de brûler tous les magasins dans le cas où le prince approcherait de la ville. Cet ordre de Tschichagof est un blâme bien juste contre Bronikowski.

Il est vrai encore que deux bataillons de Lithuaniens déposèrent les armes; mais ils ne furent pas la cause principale de la perte d'une grande partie du détachement : c'est au général Bronikowski qu'il faut l'imputer, puisqu'il envoya ce détachement à Nowoï-Swerjen sur la rive gauche du Niémen, avec ordre de défendre le passage du fleuve, au lieu de prescrire de s'établir sur la rive droite et de brûler le pont. Le général Kochetzki, qui commandait le détachement fort seulement de 2 000 hommes, fut attaqué, le 13 novembre, par la division entière du général Lambert et culbuté si vivement qu'en se retirant sur Kaidonow, il n'eut pas le temps de détruire le pont et fit des pertes très-sensibles. De Kaidonow, il se hâta de prévenir le général Bronikowski qu'il lui était impossible de résister aux forces si supérieures qu'il avait devant lui et demanda à se retirer sur Minsk. Le général Bronikowski lui répondit de défendre son poste. C'était le condamner à une défaite complète. Attaqué de nouveau le 15 à Kaidonow, il fut battu largement, perdit ses deux canons et 15 à 1 600 hommes, parmi lesquels les deux bataillons lithuaniens qui mirent bas les armes. Certes il est impossible de vouloir que ce soit à la conduite de ces deux bataillons que le détachement dut d'avoir été en partie anéanti. Qu'au lieu de mettre bas les armes, ces deux bataillons eussent fait une belle résistance, c'eût été plus honorable; mais le détachement, cerné de tous côtés par des forces bien supérieures, n'en était pas moins perdu. Cette perte doit donc retomber sur le gouverneur de Minsk.

Quant à la défense de la tête de pont de Borisow, c'est au général Dombrowski seul qu'on la doit, car le 21 novembre, lorsque cette tête de pont fut attaquée à la pointe du jour par la division russe Lambert, le bataillon du 95ᵉ de ligne qui la gardait se laissa surprendre, fut culbuté, et il s'en fallut peu que les Russes n'entrassent dans Borisow, où, par la faute du général Bronikowski, les troupes n'étaient même pas sous les armes; négligence impardonnable, car il n'était pas sans savoir qu'en présence de l'ennemi, chaque matin les troupes prennent les armes avant le jour et ne les déposent que lorsqu'on est certain qu'on ne sera pas attaqué. Dans la circonstance dont nous parlons, sans un bataillon de Wurtemberg, accouru aux premiers coups de fusil, les Russes s'établissaient solidement dans la tête de pont d'où ils venaient de chasser le bataillon du 95ᵉ. Le général Dombrowski, attaqué à la même heure par des forces imposantes, et sans être aucunement secondé par le général Bronikowski, sut cependant prendre de si bonnes dispositions et résista avec tant de vigueur aux attaques multipliées des Russes, qu'il n'abandonna le pont et la ville de Borisow qu'après une lutte de dix heures, où ses adversaires, quatre fois plus nombreux, tout en lui faisant éprouver des pertes, en subirent de plus sensibles. Un de leurs meilleurs généraux, le général Lambert, y fut très-dangereusement blessé. Il est donc certain que la belle résistance qui fut faite ce jour-là à Borisow appartient tout entière au général Dombrowski, et c'est à tort que des historiens ont écrit que le général Bronikowski y avait contribué.

Nous revenons au général Okouneff.

« Napoléon détacha le corps du maréchal Oudinot vers Borisow pour renforcer le général Dombrowski.

Ce renfort, cependant, ne rétablissait pas l'équilibre des forces; l'amiral resta le plus fort.

« A cette époque aucune corrélation intime n'avait pu être établie entre l'amiral Tschichagof et le général Wittgenstein, ni entre ce dernier et le maréchal Koutousoff. Tous les trois, il est vrai, avaient un but commun qui était le point de Borisow. Napoléon se trouvant dans le centre des trois armées, il était permis de ne rien augurer d'heureux en sa faveur; mais malheureusement la corrélation n'existant pas, les attaques des différentes armées, au lieu d'être coïncidentes, furent successives.

« L'époque du 20 au 28 novembre devenait pour l'armée française la plus intéressante de toute la campagne, et on conçoit difficilement comment Napoléon n'a point payé le passage de la Bérézina par la perte de presque toute son armée.

« En quittant Orcha, il n'avait plus, en y comptant les corps des maréchaux Oudinot et Victor, qu'un noyau de 30 700 hommes. Il était suivi et flanqué, vers le sud, par une armée de 33 000 hommes (c'est de 50 000 hommes qu'était l'armée de Koutousoff). Une force équivalente de 33 000 à cette dernière, s'étant rendue maîtresse de Borisow et des deux rives de la Bérézina, lui barrait le passage du fleuve, tandis qu'une troisième armée de 30 000 hommes s'avançait du Nord.

« On devrait croire que le mouvement concentrique de ces différentes troupes devait amener l'anéantissement de la majeure partie de la grande armée française.

« Mais telle était l'influence de la mauvaise saison ; elle était devenue si rigoureuse qu'elle agissait désavantageusement sur les hommes et sur les chevaux, et retardait les mouvements, ce qui força en outre le maréchal Koutousoff d'abandonner 12 compagnies d'artillerie, faute de serviteurs et de chevaux, et il se vit obligé de ralentir son mouvement offensif. Ce retard favorisa Napoléon dans son passage au delà de la Bérézina.

« Les armées russes se trouvaient sur trois points : à Borisow et en marche, l'une de Tchaschniki sur Barau, et l'autre de Krasnoï par Kopys et la grande route. L'armée française que Napoléon rassembla à Borisow étant devenue égale en force à celle de l'amiral, les chances y devinrent indécises.

« Celle du général Wittgenstein était moins forte ; les chances étaient donc en faveur de la plus forte.

« Il fallait donc un intermédiaire favorable qui pût faire pencher la balance en faveur des Russes, et le maréchal Koutousoff pouvait seul l'établir. En talonnant l'armée française, il aurait pu ravir à Napoléon les moyens d'opérer le passage avec autant de facilité qu'il l'a fait. Le manque de moyens en ordonna autrement. » (Général Okouneff, pages 195 à 199.)

A la lecture de ces considérations, on croirait qu'il n'y a rien à répondre; mais dès qu'on les examine sérieusement, on acquiert la certitude qu'elles sont au contraire susceptibles d'être combattues. Ainsi l'historien russe a écrit : « Que l'amiral Tschichagof était infiniment plus fort que le corps qui lui était opposé, et par conséquent il était maître de ses actions. »

Si l'historien russe a voulu parler de l'époque où Tschichagof était en présence de Schwartzenberg, oui, il était infiniment plus fort que son adversaire, mais plutôt moralement que numériquement, puisqu'il se mit en marche pour Minsk avec 33 000 hommes et qu'il était suivi par 32 000 Autrichiens; et d'ailleurs ne savait-il pas que leur chef, paralysé en quelque sorte par les ordres de son gouvernement, n'agirait pas avec toute la vigueur qu'aurait déployée un autre général avec d'autres troupes, car il faut bien se pénétrer de cette vérité : à la guerre surtout, les chefs vigoureux font des soldats vigoureux?

Oui encore, malgré la réunion du maréchal Oudinot avec le général Dombrowski, l'amiral resta le plus fort par la raison que Schwartzenberg ne le suivit point, ce que cependant il aurait dû faire. Mais même sans cette faute, si le prince, après avoir battu Sacken, était revenu de suite sur ses pas, il pouvait, sans trop fatiguer ses troupes, être à Minsk le 25 ou le 26 novembre, et alors Tschichagof était forcé d'abandonner Borisow et de se retirer en toute hâte. Cela est tellement vrai, que la présence d'un détachement d'Autrichiens à Neswige et à Rowoï-Swergen inquiéta assez sérieusement l'amiral pour lui faire donner l'ordre, si ces derniers s'approchaient de Minsk, d'en faire brûler tous les magasins. Ce fait prouve clairement combien Schwartzenberg pouvait peser dans la balance, si, au lieu de retourner à Wolkowisk, il y avait envoyé quelques milliers d'hommes et avait suivi Tschichagof avec le reste de son armée, ou si, même après l'affaire de Wolkowisk, il était revenu sur ses pas et s'était dirigé vers Minsk.

Le général Okounef, qui connaissait tous ces faits, sur lesquels il a gardé le silence, a donc présenté, sur les forces des parties belligérantes, des considérations qu'il savait très-bien ne pas être complétement exactes.

Oui, il n'y avait point de corrélation entre les armées russes ; mais le général Okounef en a caché la véritable cause. Il n'ignorait pas cependant que si elle ne put avoir lieu, c'est que les fameuses instructions attribuées à l'empereur Alexandre pour réunir une armée nombreuse sur les derrières de l'armée française, ne désignant aucun chef pour la commander, il en résulta des sentiments de jalousie tels, que Wittgenstein ne voulut faire aucun effort pour se joindre à l'amiral Tschichagof, plus ancien général que lui. Il en fut de même de la part du général Stenheil, qui, pour ne pas obéir à l'amiral, se porta d'un côté opposé à celui désigné par ses instructions. Il n'est pas jusqu'au général Hertel, lequel était à Bobrouisk avec 10 à 12 000 hommes, qui refusa d'abord d'exécuter les ordres de Tschichagof pour ne pas servir sous un officier de marine, et ensuite prétexta qu'une épizootie, qui régnait dans le pays, l'empêchait de s'exposer. C'est à ne pas y croire, et pourtant c'est la vérité.

Oui, les forces de l'Empereur ne s'élevaient pas à 35 000 hommes, et c'est justement parce qu'il n'avait que ce petit nombre de soldats entourés par 100 000 Russes dont le cercle se rétrécissait chaque jour davantage, qu'on doit admirer tout ce qu'il y avait en lui de génie, et quelle puissance morale il exerçait sur son armée pour dominer une si terrible situation et en sortir victorieux. Le général Okouneff l'avait parfaitement compris, ses *Considérations* le laissent entrevoir ; mais au lieu d'en convenir, il attribue l'insuccès

des Russes à la mauvaise saison qui empêcha Koutousoff de peser avec toute son armée sur celle des Français. On ne peut véritablement accepter une semblable
explication, car il est positif que si le froid (l'intensité
en était diminuée depuis le 15 novembre) agissait
sur les troupes de Koutousoff, parcourant, à la gauche
de la grande route d'Orcha à Borisow, une contrée intacte où chaque soir elles trouvaient à s'abriter et à
se nourrir, nous insistons sur cette observation, que
devait-il donc en être pour l'armée francaise, n'ayant
aucune possibilité de quitter la ligne ravagée qu'elle
parcourait? Quoique non suivie par l'armée entière
de Koutousoff, elle l'était néanmoins par le corps du
général Miloradowitch et un si grand nombre de cosaques, qu'elle ne pouvait s'écarter ni sur sa droite ni
sur sa gauche : par suite point de vivres, point d'abris,
par conséquent point de repos.

Ainsi les motifs avancés par le général Okouneff,
qui l'ont été aussi par le colonel Boutourlin, tome II,
page 399, pour justifier la non coopération de Koutousoff avec Wittgenstein et Tschichagof, mais surtout
la lenteur qu'il mit dans la poursuite de l'armée française, ne sont nullement fondés ; car il est certain que
connaissant sa situation malheureuse, il n'aurait pas
dû, après Krasnoï, lui laisser un instant de repos dans
sa retraite jusqu'à la Bérézina : poursuite d'autant plus

facile que si l'empereur sortit glorieusement des luttes des 15, 16 et 17 novembre, ce ne fut point sans de grands sacrifices, lesquels eussent été bien plus grands encore si Koutousoff avait été un autre général. A la tête de 80 000 hommes, d'une artillerie et d'une cavalerie formidables, il ne sut pas, dans les trois chocs successifs de Krasnoï, enlever l'empereur et ses 24 000 soldats exténués, comme après ces journées il ne sut pas l'empêcher de gagner plusieurs marches sur lui : fautes aussi grandes que celles qu'il avait commises à Malo-Jaroslavetz et à Wiasma, lesquelles se reproduisirent à la Bérézina, et que le général de Chambray, tome III, page 8, qualifie ainsi : « *Elles sont si extraordinaires qu'on en chercherait vainement qui puissent leur être comparées dans l'histoire des guerres anciennes et modernes.* »

Quand on examine avec attention comment ces luttes se sont passées, on reconnaît que l'appréciation du général de Chambray est parfaitement juste et qu'il serait bien difficile de prouver le contraire, par la raison que les faits existent et ne peuvent être contestés. Le colonel Boutourlin n'est pas complétement de cet avis; il ne veut pas avouer toutes les fautes de Koutousoff, et fait même de lui, tome II, pages 230 et 239, « un éloge pompeux, tant sur sa prudence que sur ses opérations, pour lesquelles il invoque le

jugement des militaires instruits, qui n'hésiteront point
à le reconnaître. »

Que le colonel Boutourlin, un Russe, se soit ainsi
exprimé, on le comprend ; mais que M. Thiers, un
historien d'un mérite aussi éminent, que nul écrivain
militaire ne surpasse en talent dans ce qu'il dit des
divers mouvements des troupes et de la configuration
des·terrains sur lesquels elles manœuvrent ou se bat-
tent, questions qu'il traite toujours avec une lucidité
si remarquable qu'on croit assister aux opérations
dont il parle ; que M. Thiers, disons-nous, ait partagé
l'opinion du colonel Boutourlin sur le maréchal Koutousoff, c'est ce qui nous étonne, comme notre éton.
nement augmente encore quand nous lisons·dans plusieurs pages ces mots : « le sage Koutousoff. »

Le sage Koutousoff ! Nous en convenons sincèrement : quelle que soit notre déférence pour une intelligence aussi élevée que celle de M. Thiers, et notre ardent désir d'applaudir à tout ce qui en émane, nous ne
pouvons pourtant approuver cet éloge du maréchal
Koutousoff ; nos souvenirs de vieux soldat de Russie
s'y opposent. Quoique nous n'ayons fait cette campagne que comme lieutenant commandant la com-
pagnie d'artillerie régimentaire du 85e de ligne
jusqu'au combat de Saltanovka, 23 juillet, et après
cette lutte, comme capitaine dans le même régiment,

nous avions cependant assez l'instinct naturel de la guerre pour comprendre que c'était la faute de Koutousoff si nous n'étions pas complétement battus et même anéantis à la Czernichnia, à Malo-Jaroslavetz, à Wiasma, à Krasnoï et à la Bérézina, luttes auxquelles nous avons assisté.

Est-ce dans l'intérêt de la vérité que M. Thiers a voulu réhabiliter, surtout dans l'esprit des militaires, la réputation du maréchal Koutousoff? Nous ne le pensons pas, car il sait aussi bien que tous ceux qui ont lu les relations de la campagne de Russie, que la plupart des historiens, en y comprenant le général Okouneff, voire même le colonel Boutourlin, malgré ses éloges du maréchal, ont blâmé Koutousoff pour sa conduite dans plusieurs des circonstances où M. Thiers dit qu'il montra de la sagesse.

Au surplus nous transcrivons le paragraphe du tome XIV, pages 551 et 552, dans lequel l'historien reproduit le langage du maréchal russe dans une de ces circonstances.

« L'armée de Koutousoff avait souffert, et de 80 000 hommes de troupes régulières, sans les Cosaques (c'est, nous croyons, 90 000 hommes qu'il fallait dire), elle était réduite à 50 000 par les combats de Malo-Jaroslavetz et de Wiasma, par la fatigue et par le froid. Elle nous avait poursuivis jusqu'ici (à Jelnia, sept à huit myriamètres de Smolensk) avec des avant-gardes de troupes légères, se contentant de nous harceler, d'ajouter à notre détresse, de ramasser les traînards, mais ne semblant pas, sauf à Wiasma, disposée à se mettre en travers pour nous barrer le chemin. Le vieux Koutousoff, heureux de nous voir périr un à un, ne voulait pas affronter notre désespoir en cherchant à nous arrêter. Il n'attachait pas sa gloire à nous battre, mais à nous détruire. Il avait dit au prince de Wurtemberg ces paroles remarquables : Je sais que vous, jeunes gens, vous médisez du Vieux (c'est ainsi qu'il se qualifiait lui-même), que vous le trouvez timide, inactif... ; mais vous êtes trop jeunes pour juger une telle question. L'ennemi qui se retire est plus terrible que vous ne croyez, et s'il se retournait, aucun de vous ne tiendrait tête à sa fureur. Pourvu que je le ramène ruiné sur la Bérézina, ma tâche sera remplie. Voilà ce que je dois à ma patrie, et cela, je le ferai. »

Le faisait-il à Krasnoï, où il tenait ce langage au prince de Wurtemberg? nous ne le pensons pas, car si nous consultons M. Thiers, que trouvons-nous à la page 581? Cette appréciation bien caractéristique et surtout bien juste : « Koutousoff aurait dû juger la portion de notre longue colonne qu'il voulait couper, couper celle-là résolûment et l'enlever en laissant passer le reste. Sa prudence, fort louable sans doute quand on considère l'ensemble de la campagne, ne fut pendant ces journées, qui auraient pu être décisives, *que celle d'un vieillard timide, hésitant sans cesse, et à la fin se glorifiant de résultats qui étaient l'œuvre de la fortune bien plus que la sienne.* »

Le faisait-il à la Bérézina, quand après les luttes de Krasnoï, au lieu de poursuivre sans relâche l'armée française, il s'arrêtait sur le Dniéper? Nous ne le pensons pas davantage, car, sur ce sujet, M. Thiers doit fixer l'opinion par ce passage de la page 618 : « Koutousoff, qui croyait avoir rempli sa tâche à Krasnoï, en livrant Napoléon presque détruit aux deux armées russes de la Dwina et du Dniéper, qui d'ailleurs *n'avait pas le moindre désir de contribuer à la gloire de Tschichagof,* et trouvait ses soldats exténués, Koutousoff s'était arrêté sur le Dniéper à Kopys, afin de procurer quelque repos à ses troupes, et de leur rendre un peu d'ensemble, car elles étaient de leur côté dans un état fort misérable. *Il s'était donc contenté d'envoyer au delà du Dniéper, Platoff, Miloradowitch et Yermoloff, avec une avant-garde d'environ* 10000 *hommes.* »

Eh bien! nous ne croyons pas nous tromper en affirmant que le Koutousoff de Krasnoï et de la Bérézina était le Koutousoff de toutes les autres luttes, ce *vieillard timide,* dont M. Thiers a si parfaitement tracé le caractère et la conduite ; portrait auquel nous ne nous permettrions pas d'ajouter un seul mot, si nous n'avions quelques remarques à présenter sur le paragraphe des pages 551 et 552.

Ainsi, d'après M. Thiers, l'armée russe, qui était à Malo-Jaroslavetz de 90 000 hommes de troupes régulières, avait déjà perdu, lorsqu'elle arriva du 7 au 10 novembre, à Jelnia, plus de 40 000 hommes, presque autant que l'armée française et dans le même espace de temps. Cependant cette dernière souffrait cruellement, elle était continuellement harcelée et on ramassait ses traînards, tandis que l'armée russe marchait tranquillement. Une partie seule de ses troupes légères agissait. Cette différence dans la situation des deux armées, dès qu'elles faisaient des pertes à peu près égales, et non par les mêmes causes, aurait dû frapper l'esprit sagace de Koutousoff, et lui dire qu'il y avait, pour sa réputation et pour sa patrie, autre chose à faire qu'à suivre latéralement et paisiblement une armée qui se retirait.

A Wiasma, il ne fut nullement disposé à se mettre en travers pour barrer le chemin, puisqu'il s'arrêta avec le gros de son armée à Bykowo, et à une distance si rapprochée de Wiasma, que suivant l'historien anglais sir Robert-Wilson, attaché au quartier général de Koutousoff, on entendait le plus petit coup de fusil des troupes de Miloradowitch, qui se battaient contre celles du prince Eugène et du maréchal Davout. D'après le même historien, si, au lieu de rester toute la journée du 30 dans l'inaction la plus complète, Koutousoff s'était porté sur Wiasma, les corps français pouvaient être anéantis. Puisque cela ne se fit point, le maréchal russe n'était donc pas disposé à se mettre en travers pour barrer le chemin. Son inaction, dans cette circonstance, n'était pas certainement de la sagesse, c'était une de ces fautes que le général de Chambray a si bien caractérisées.

M. Thiers a écrit : « Le vieux Koutousoff, heureux de nous voir périr un à un, ne voulait pas affronter notre désespoir en cherchant à nous arrêter. Il n'attachait pas sa gloire à nous battre, mais à nous détruire. » On comprendrait le contentement du maréchal russe, si les pertes de son armée avaient été insignifiantes ; mais nous venons d'indiquer, d'après les chiffres de M. Thiers, qu'elles étaient considérables et, nous ajouterons, en quelque sorte aussi fortes que dans l'armée française, avec cette différence que celle-ci parcourait une route entièrement ravagée depuis longtemps, tandis que l'autre s'avançait paisiblement sur une route pourvue de tout. Cette différence encore aurait dû frapper le *sage* Koutousoff, et lui démontrer que puisque les pertes, et non les misères, étaient presque égales dans les deux armées, c'est qu'il y avait dans celle que ces mêmes misères accablaient, un sentiment de gloire qui n'existait pas chez l'autre, et qu'en outre elle était bien plus vigoureusement trempée. Dès lors, il n'y avait pas à hésiter; puisque sa force numérique, et non sa force morale, le lui permettait, il fallait profiter de toutes les occasions de barrer le passage, et écraser son ennemi sous une telle masse de fer et de plomb qu'il n'aurait pu se défendre malgré tout son courage et même son désespoir. Mais pour obtenir ce résultat il fallait ce qui manquait à Koutousoff, *vouloir*.

Quant aux paroles qu'il adressa au prince de Wurtemberg, dénotent-elles de la sagesse? Non, bien certainement non, car, comme il fallait justifier son inaction inconcevable et sa résistance aux pressantes sollicitations de ses généraux, de marcher haut la main sur les Français, Koutousoff, en homme *faux, perfide et menteur* (qualifications que lui donne M. Thiers, tome XIV, page 297), prononça les paroles en question, cachant ainsi la crainte qui le dominait continuellement de se trouver de sa personne en contact avec l'empereur ou même avec ses généraux, et d'y perdre sa réputation. Aussi, dans les chocs qui suivirent la bataille de la Moskowa, on ne le voit jamais faire lui-même exécuter les mouvements, ce sont toujours des généraux qui en ont la haute direction. A la

Czernichnia, 18 octobre, c'est le général Bennigsen ; à Malo-Jaroslavetz, 24 octobre, ce sont les généraux Doctoroff et Raeffskoï ; à Viasma, 3 novembre, le général Miloradowitch ; à Krasnoï, 15, 16, 17 et 19 novembre, « journées où, suivant le général Okouneff, page 194, le maréchal Koutousoff avait tout à gagner et rien à perdre, tandis que pour Napoléon c'était tout le contraire, » encore le général Miloradowitch ; à la Bérézina, 27 et 28 novembre, le général Wittgenstein et l'amiral Tschichagof, et pourtant les rapports de Koutousoff disent toujours qu'il a remporté la victoire dans ces luttes où il ne commandait même pas.

Nous devons ajouter à ce que nous venons de dire relativement au langage que Koutousoff tint au prince de Wurtemberg, qu'en 1823, le général de Chambray, tome II, page 439, a reproduit, non les paroles que fait connaître M. Thiers, mais d'autres en quelque sorte analogues et que le général désapprouve. Nous donnons sa version.

« Le maréchal Koutousoff répondit à ses généraux, qui le sollicitaient d'attaquer vigoureusement : « Vous voulez, s'écria-t-il, que je livre au hasard ce que je puis obtenir avec certitude en temporisant quelques jours ? Et il leur cita à l'appui de sa résolution de ne point bouger, cette *sotte maxime*, qu'il faut faire un pont d'or à l'ennemi qui fuit. » Puis le général de

Chambray ajoute, dans une note de la page 490 : « Je pense, avec Maurice de Saxe (*Rêveries*, chap. xii), qu'il faut poursuivre à outrance l'ennemi qui fuit. Je ne pourrais rien ajouter à ce qu'a dit ce général à ce sujet ; c'est une règle qui ne me semble sujette à aucune exception. On ne peut en dire autant d'un ennemi qui se retire ; il y a des circonstances, mais en petit nombre, où il est avantageux d'éviter de le forcer à une bataille. Koutousoff ne se trouvait assurément pas dans une de ces circonstances. »

Maintenant le lecteur pourra juger la valeur des deux versions que nous venons de mettre sous ses yeux, ainsi que les appréciations des deux historiens dont l'un approuve et l'autre blâme.

Si nous ne nous trompons, il semble que tous les militaires qui étudieront les questions diront, avec le général de Chambray, que dans les circonstances les plus graves de la retraite de Russie pour l'armée française, Koutousoff ne fut point guidé par la sagesse, mais constamment dominé par l'indécision bien connue de son caractère, qui lui faisait attendre du temps des résultats inconnus qu'il n'aurait pu obtenir autrement : indécision dont on trouve la preuve dans une foule d'occasions, et surtout dans les ordres qu'il donna, du 18 au 30 septembre, au général Tormassof et à l'amiral Tschichagof.

« 1° Le 18 septembre, l'amiral reçut de Koutousoff l'offre de venir le joindre avec son armée de Moldavie, abandonnant, disait cet ordre, de faire une diversion en Galicie, afin d'agir sur les flancs de l'armée française.

« 2° Cinq jours après, le 23, le général Tormassoff est averti de se séparer de l'armée de Moldavie, et de venir avec la sienne (celle de Volhynie) à la grande armée russe pour couvrir la capitale menacée.

« 3° Le 27, deuxième ordre à Tschichagof de se porter à marches forcées vers cette même grande armée et de laisser seul Tormassof en Volhynie.

« 4° Le 31 octobre, lorsque Tschichagof était à Proujany, se disposant à marcher vers Minsk, il reçoit de Koutousoff l'ordre d'envoyer des troupes à Kiow (60 myriamètres, 150 lieues de Proujany), afin de couvrir cette place sur laquelle il croyait que l'armée française voulait se porter. »

Tormassof et Tschichagof refusèrent d'exécuter ces ordres divers, et ils firent bien, car ils sont si absurdes qu'on aurait de la peine à y croire, si le général de Vaudoncourt, en les faisant connaître, pages 224, 225, 226 et 282, n'en avait affirmé l'exactitude, et si le général de Chambray ne l'avait confirmée en écrivant, tome II, page 400 : « L'amiral Tschichagof a reconnu l'exacte vérité de ce que rapporte le général de Vaudoncourt, des différents ordres qui lui furent donnés par Koutousoff depuis son départ de Moldavie. *Ce fait n'a jamais été contesté.* »

Ces affirmations de deux historiens sérieux et parfaitement renseignés sont trop positives pour qu'on ne soit pas autorisé à dire : le maréchal Koutousoff, quand il donnait ces ordres divers, était-il le sage Koutousoff dont parle M. Thiers ?

Nous demanderons en outre ce qu'il serait devenu, si le maréchal Victor et le prince de Schwartzenberg avaient serré de près, l'un le général Wittgenstein, et l'autre l'amiral Tschichagof ? Nous pensons que sa position n'eût pas été des plus brillantes, car, quand, par sagesse ou par crainte, il s'abstenait, dans de superbes occasions, d'écraser de grandes fractions de l'armée française, il ne pouvait alors prévoir que deux des lieutenants de l'Empereur rendraient sa tâche facile et le sauveraient de la catastrophe qu'il aurait immanquablement subie s'ils avaient voulu comprendre leur mission.

Ici nous revenons encore au général Okouneff.

« Napoléon quitta Orcha le 21 novembre.

« Le maréchal Koutousoff, avec le gros de l'armée, « était à Lanniki, le général Wittgenstein à Tchach- « niki, l'amiral Tschichagof à Borisow. Dès le 22, le « mouvement concentrique des différentes armées

« russes reçut son exécution sur toute l'étendue. de la
« circonférence, mais son début ne fut pas des plus
« heureux. L'avant-garde de l'amiral Tschichagof re-
« çut un échec sensible et fut rejetée sur Borisow.
« L'amiral repassa sur la rive droite.

« Persuadé que le maréchal Koutousoff suivait les
« ennemis, tandis que le général Wittgenstein se diri-
« geait contre leur flanc, le devoir de l'amiral devait
« donc être de chercher du moins à augmenter les
« difficultés du passage de la Bérézina. Le point du
« passage étant inconnu, il fallait le découvrir et rem-
« plir le but proposé.

« Dans tous les cas, le premier devoir est de rester
« rassemblé pour pouvoir porter la masse des troupes
« vers le point décisif. L'amiral fit justement tout le
« contraire. Embrassant dans toute son étendue le
« système vicieux de cordons, il partagea son armée
« en quatre parties, dont l'une, sous les ordres du
« général Tchaplitz, fut portée à Brilowa; la seconde,
« commandée par le général Palhen, prit position à
« Borisow; le comte Orourk, à la tête d'un détache-
« ment, se dirigea sur la basse Bérézina; l'amiral
« Tschichagof, à la tête du corps du général Woïnof et
« de la réserve, se porta à Chebachewiczi.

« Rien ne pouvait excuser une disposition pareille;
« elle était contre toutes les règles de l'art militaire,

« et un examen approfondi de la topographie du pays
« le prouvera sans réplique » (général Okouneff, pages
200 et 201).

Puis vient cet examen qu'on doit lire attentivement,
lequel est suivi d'observations qui seraient fort justes
et condamneraient complétement l'amiral Tschichagof,
s'il avait été le maître d'agir ainsi que l'aurait voulu
l'historien russe. En le blâmant avec sévérité, il oublie
que si l'amiral divisa son armée, c'est qu'il y fut en
quelque sorte forcé par les renseignements qu'il reçut.

Le général Wittgenstein lui écrivait, le 23, de Czéréïa :

« Je ne puis positivement vous faire connaître la
« marche que suivra la grande armée ennemie, et,
« quoiqu'on prétende qu'elle se dirige vers Borisow,
« tout me fait croire qu'elle a pris la route de Bo—
« brouisk ; car, dans le premier cas, le maréchal Vic-
« tor n'aurait pas manqué de tenir à Czéréïa pour
« couvrir la marche de la grande armée » (général de
Chambray, tome III, page 194).

« D'un autre côté, le commandant de Minsk lui
« annonçait que les postes autrichiens s'étaient rap-
« prochés de cette ville, et qu'un détachement de ces
« troupes avait occupé Swilocz, village sur la route
« de Minsk à Bobrouisk, ce qui semblait indiquer un
« mouvement combiné de l'empereur Napoléon et du

« prince de Schwartzenberg » (général de Chambray, tome III, pages 44 et 45).

Ces deux avis étaient en outre confirmés par une dépêche du maréchal Koutousoff, datée de Lanniki le 23, où il lui disait « qu'ayant acquis la certitude que « Napoléon marchait avec la plus grande partie de « ses forces sur Bérézino, au-dessous de Borisow, il « devait se rapprocher de cette position » (général de Vandoncourt, page 308).

Avec de tels renseignements et cet ordre du maréchal Koutousoff, qu'elle conduite devait donc tenir l'amiral Tschichagof ? celle que lui reproche le général Okouneff, c'est-à-dire diviser son armée, et le 25 se porter avec le corps du général Woïnof et la réserve à Chebachewicki, où il resta le 26. Instruit, dans la journée, que les Français établissaient des ponts à Studianka, il se hâta de revenir à Borisow, où il arriva avant la nuit.

Cet exposé des faits tels qu'ils se sont passés, prouve que le général Okouneff a eu tort de blâmer l'amiral Tschichagof sur ses premières opérations dans la sphère de la Bérézina (le colonel Boutourlin, tome II, page 397, tient un tout autre langage), car il est certain que, s'il fractionna son armée, la faute en fut principalement au maréchal Koutousoff.

Dans l'ignorance où se trouvait l'amiral sur la position de la grande armée française, ce qu'on ne peut lui reprocher puisque les généraux russes qui la suivaient l'induisaient en erreur, il crut convenable de s'éloigner de Borïsow, sans toutefois dégarnir ce point important pour le passage de la Bérézina, car autrement, le maréchal Victor, depuis le 26 à Borisow, aurait fait rétablir le pont, et l'armée française, abandonnant la position de Studianka, venait y passer la rivière sans éprouver de pertes et sans tomber dans cette désorganisation qui suivit ce passage.

Si, dans l'intérêt de la vérité nous avons signalé les reproches non mérités du général Okouneff envers l'amiral Tschichagof, ce même sentiment nous commande de dire que celui-ci est blâmable de n'avoir pas mis plus de rapidité dans ses mouvements dès qu'il fut en contact avec ses adversaires. Nous ferons ressortir ailleurs cette faute.

« Napoléon gagna plusieurs marches sur le gros de
« l'armée du maréchal Koutousoff, et n'étant pour-
« suivi que par des avant-gardes, qui ne pouvaient
« tout au plus qu'observer ses mouvements sans
« oser l'entamer, il se vit débarrassé de toutes ses
« craintes pour ses derrières. Dès lors son état prit
« une tournure plus favorable, puisque le général
« Wittgenstein, quoique se dirigeant dans le flanc
« de la grande armée française, n'osait non plus

« l'attaquer à cause de l'infériorité de ses forces phy-
« siques.

« Le passage de la Bérézina fut donc opéré, et ce
« passage, qui devait ensevelir presque toute l'armée
« française dans les marais de la Bérézina, ne lui
« coûta que 25 pièces de canon et 28 000 hommes
« tués, prisonniers et noyés.

« C'est une perte énorme pour une armée dont l'ef-
« fectif ne montait pas même à 40 000 hommes,
« (l'historien russe a écrit, page 197, qu'elle n'était que
« de 30 700 hommes, chiffre plus exact que celui de
« 40 000); mais elle n'était encore rien en compa-
« raison des trophées qui devaient tomber en notre
« pouvoir. Les principaux personnages, excepté le
« général Partouneaux, parvinrent à se soustraire au
« sort qui paraissait les attendre, et auquel ils n'ont
« échappé à peu près que par un miracle.

« Depuis le passage de la Bérézina, on peut dater
« la fin de la campagne de 1812, car les débris épui-
« sés de l'armée française furent obligés de chercher
« au plus vite leur retraite » (général Okouneff, pages
204 et 205).

Ces quatre paragraphes, que nous avons transcrits
en entier et que nous examinerons séparément, sont
tout ce que l'historien russe a écrit sur une des opérations militaires les plus remarquables qui se soient

faites à la guerre; et quoique dans ce court exposé, il
témoigne le regret de ce que cette même opération
n'a pas donné aux Russes tous les trophées qu'ils
comptaient obtenir, l'espèce de silence qu'il garde en
cette circonstance est d'autant plus extraordinaire que,
comme nous l'avons déjà dit plusieurs fois, il n'a pas
été aussi réservé relativement à d'autres opérations
insignifiantes sur lesquelles il a présenté des *considé-*
rations. Le silence du général Okouneff, sur le fameux
passage de la Bérézina, avait sans doute pour motif
d'éviter de reconnaître que le génie de l'Empereur s'y
montra aussi grand qu'à aucune autre des importantes
époques de sa carrière militaire. Nous comprenons dès
lors que l'auteur des *Considérations,* qui s'est constamment abstenu d'y louer le grand capitaine, fait bien caractéristique, ne pourrait dire qu'à la Bérézina il resta
le général qui étonnait le monde par ses admirables
conceptions. Puisqu'il en fut ainsi, pourquoi donc le
général Okouneff n'est-il pas aussi juste que son com-
patriote le colonel Boutourlin qui s'exprime ainsi,
tome II, page 362 :

« Dans la situation la plus périlleuse où se soit
« jamais trouvé Napoléon, ce grand capitaine ne fut
« pas à la Bérézina au-dessous de lui-même. Sans se
« laisser abattre par l'imminence du danger, il osa le
« mesurer avec l'œil du génie, et trouva encore des

« ressources là où un général moins habile ou moins
« déterminé n'en aurait pas même soupçonné la pos-
« sibilité. »

Cet éloge si vrai n'a pas besoin de commentaires.
Venant d'un ennemi, il en dit plus qu'on ne pourrait le
faire ; seulement on regrette que le général Okouneff,
auteur d'un ouvrage militaire scientifique, n'ait pas
su trouver un seul mot favorable pour une opération
que le colonel Boutourlin apprécie en termes si cha-
leureux.

Si, d'après le même général Okouneff, l'empereur
Napoléon gagna quelques marches sur le gros de l'armée du maréchal Koutousoff, cet avantage n'amélio-
rait pas sa situation, car le 18, avant d'arriver à
Orcha, il apprit que la ville de Minsk, sur laquelle il
fondait un grand espoir, venait de tomber entre les
mains de l'ennemi ; malheur immense qui bouleversait
toutes ses combinaisons du moment, et le forçait d'en
préparer de nouvelles ; malheur immense, que rien ne
pouvait compenser, pas même la certitude qu'il acquit
le 20, après Orcha, que le maréchal Ney, trompant
ses adversaires, avait passé le Dniéper et rejoint l'arrière-garde de la grande armée. « A cette heureuse
« nouvelle, apportée par l'officier d'ordonnance Gour-
« gaud, l'Empereur, qui était assis, se leva aussitôt,
« et saisissant cet officier par les deux bras, il lui dit

« avec la plus vive émotion : « Est-ce bien vrai?
« En êtes vous bien sûr? » L'officier ayant convaincu
« l'Empereur de la véracité de son rapport, S. M.
« s'écria : « J'ai deux cent millions dans mes caves
« des Tuileries, je les aurais donnés pour sauver le
« maréchal Ney. »

Ce cri sortant du cœur et indiquant tout l'attachement de l'Empereur pour son lieutenant, n'a pourtant
pas été jugé ainsi par le général de Chambray, qui, en
parlant de cet épisode, a écrit tome III, page 2 : « C'est
à Baranoui, petit village à 20 kilomètres d'Orcha,
que l'Empereur reçut la première nouvelle de la
marche de Ney par la rive droite du Dniéper et son
arrivée. Cet événement lui causa beaucoup de joie ,
moins encore sans doute à cause du mérite de Ney et
du salut de quelques soldats débandés destinés à périr
un peu plus tard, que parce que la prise d'un maréchal, dans de telles conjectures, aurait été une
preuve de la destruction de son corps d'armée; tandis que
ce maréchal, eût-il perdu jusqu'à son dernier soldat,
l'ennemi ne pouvait en acquérir une entière certitude
tant qu'il ne s'était point emparé de sa personne. »

Il est impossible de se rendre compte du motif qui
a décidé le général de Chambray à interpréter, comme
il l'a fait, les sentiments de l'Empereur à l'égard du
maréchal Ney. En s'abstenant de reproduire des pa-

roles qu'il connaissait, puisqu'elles sont connues de tout le monde, il voulait pouvoir attribuer à la joie de l'Empereur un autre motif que celui de l'attachement qu'il portait à son lieutenant, ce qui eût été impossible s'il avait écrit et répété ces mots : « J'ai 200 millions dans mes caves des Tuileries, je les aurais donnés pour sauver le maréchal Ney. » Cet oubli du général de Chambray fait faire de pénibles réflexions, qui deviennent plus pénibles encore quand on acquiert la certitude qu'il n'a pas su trouver un seul mot de louange pour ces admirables soldats qui, malgré tous les cosaques de Platoff et sa nombreuse artillerie, parvinrent à gagner Orcha avec le maréchal Ney. Au lieu d'héroïques soldats, ce sont, pour l'historien, « *des soldats débandés* destinés à périr un peu plus tard.* »

Mais ne savait-il pas que, dans la situation terrible où ils se trouvaient et où tant d'autres auraient renoncé à se défendre, s'ils résistèrent, c'est que le maréchal Ney leur avait communiqué une partie de cette énergie dont il était si grandement doué, et qu'il n'était pas homme à marcher à la tête de soldats débandés ? Nous ajouterons à cette observation que, posté nous-même en avant d'Orcha avec un détachement de grenadiers du 85° de ligne, dont nous faisions partie, c'est sous nos yeux que le 21 novembre, au jour, passèrent ces restes glorieux cruellement décimés et non débandés.

En vérité, quand, dans une histoire sérieuse, on voit son auteur garder d'abord le silence sur un fait touchant, afin d'en dénaturer la pensée, et montrer ensuite une grande injustice à l'égard d'hommes qui devaient mériter son admiration, on peut hautement lui reprocher d'être plus que partial.

Nous avons dit que les marches gagnées par l'Empereur sur Koutousoff, tout en étant favorables, n'améliorèrent pas néanmoins sensiblement sa situation. En effet, sur sa droite il avait le général Wittgenstein avec 30 000 hommes ; devant lui, une rivière difficile à traverser, défendue par l'amiral Tschichagof à la tête de 33 000 combattants ; sur ses derrières-et sur sa gauche, l'armée du maréchal Koutousoff composée de 50 000 soldats. Ces diverses armées, en s'approchant chaque jour de la Bérézina, resserraient le cercle dans lequel se trouvait l'Empereur Napoléon, et devaient faire craindre que du moment où ces mêmes armées seraient en communication, sa position ne devînt très-fâcheuse, car toutes les troupes qu'il aurait à opposer, en y comprenant celles des maréchaux Oudinot, Victor et du général Dombrowski, ne s'élevaient pas à plus 33 000 hommes à demi morts de faim et de froid. Des historiens les portent à 80 000;

c'est une grande erreur, car près des deux tiers de ces 80 000 hommes sans armes et hors d'état de combattre étaient un véritable fléau pour les soldats restés sous les drapeaux.

Cette situation bien examinée, l'empereur prit à Dubrowna, le 19 novembre, des dispositions pour faire face à l'orage. Il prescrivit :

1° Au maréchal Oudinot de se porter en toute hâte avec son corps d'armée (le 2e), la division Dombrowski et les troupes du général Bronikowski, sur Borisow. En donnant ces instructions, l'Empereur ignorait encore que cette ville était au pouvoir de l'ennemi.

2° Au maréchal Victor de tenir le général Wittgenstein en échec, de lui masquer le mouvement du maréchal Oudinot, et de lui faire croire que l'Empereur se portait sur lui, tandis que son intention était de se diriger sur Minsk pour prendre ensuite la ligne de la Bérézina.

Ces ordres expédiés, l'Empereur se porta sur Orcha, où, arrivé le même jour 19, il s'occupa aussitôt de la réorganisation de l'armée, fit distribuer des vivres, des munitions, répartir les 36 bouches à feu attelées qui s'y trouvaient ; ordonna et veilla lui-même à ce que l'on mît dans des voitures tout ce qui pouvait servir à la construction des ponts sur chevalets, le manque de chevaux forçant de détruire les deux équipages de

pont qui étaient à Orcha ; lança une proclamation aux
soldats pour faire cesser l'abandon du régiment, pour
indiquer aux hommes isolés, blessés et sans armes,
les lieux, à Orcha et environs, où ils devaient se réunir, pour sévir contre ceux qui ne se conformeraient
pas aux ordres qu'il donnait, pour brûler toutes les voitures qui ne seraient pas d'une absolue nécessité, etc...

Puis, le lendemain 20, d'Orcha encore, il écrivit
au maréchal Victor de prendre dans la journée du 21
la position de Czéréïa : « que l'empereur aurait son
« quartier général le 22 à Toloczin, probablement le
« 23 à Bobr, et sans doute le 24 du côté de Nacza; que
« le maréchal Oudinot serait prêt d'arriver le 25 à
« Borisow. L'Empereur lui recommandait en outre
« de diriger ses mouvements de manière à garantir
« la ligne de Borisow à Nacza des entreprises de
« Wittgenstein et de sa cavalerie, de les avancer ou
« retarder suivant les circonstances, pour donner le
« change à l'ennemi le plus longtemps possible; et
« comme ces mêmes mouvements seraient à 25 ou
« 30 kilomètres du quartier général, les communica-
« tions seraient régulières, etc... »

Ces instructions si claires, si positives, parant à
toutes les éventualités, ne furent point suivies par le
maréchal Victor, qui, au lieu de se diriger de Czéréïa
et de Kolopéniczi, où il était arrivé le 23, sur Baran,

où il aurait dû être le **24,** ainsi qu'il en avait reçu
l'ordre, et ainsi que l'Empereur l'annonçait au maréchal
Oudinot par sa lettre de Toloczin, du 23 à une heure
du matin, prit au contraire la route de Kolopéniczi
à Losnitza par Batury ; mouvement fâcheux, puisqu'il
ne couvrait plus la grande armée des tentatives de Wittgenstein.

Des divers historiens, le baron Fain, le général Jomini et le général de Chambray sont les seuls qui
parlent de mauvaise direction prise par le maréchal
Victor contrairement aux ordres de l'Empereur. Le
premier, tome II, page **368,** blâme le maréchal. Le
deuxième se borne à dire, tome IV, page 195 : « Le
maréchal Victor arriva à Losnitza au lieu de prendre
le chemin de Baran pour couvrir la marche de l'armée. » Le troisième prétend, tome III, page 30, « que
l'Empereur écrivit le **23** de Bobr au maréchal Victor,
pour lui ordonner de se retirer sur Baran. Malheureusement quand cet ordre arriva, il était trop tard :
le maréchal Victor avait déjà commencé son mouvement sur Borisow par Batury. »

Nous pensons que le général de Chambray s'est trompé en écrivant que l'ordre arriva trop tard. En reproduisant les lettres si importantes de l'empereur ou du
major général, ce qui est la même chose, au maréchal
Victor, il fournit lui-même la preuve de son erreur.

Nous transcrivons des extraits de ces lettres, qui en peu de lignes disent tant de choses.

« De Dubrowna, 19 novembre, à 3 heures du matin :

« Il est nécessaire que la position que vous pren-
« drez vous mette le plus près possible de Borisow,
« de Wilna et d'Orcha que l'armée ennemie. Tâchez
« de masquer le mouvement du maréchal Oudinot sur
« Borisow, et de faire croire au contraire que je me porte
« sur le général Wittgenstein, manœuvre assez natu-
« relle, que mon intention est de me porter sur Minsk,
« et quand on sera maître de cette ville, de prendre la
« ligne de la Bérézina; qu'il serait possible que vous
« reçussiez l'ordre de vous porter sur Bérézino (le
« Bérézino au-dessus de Borisow, et non le Bérézino
« au-dessous), de couvrir par là la route de Wilna.
« Étudiez ce mouvement et faites-moi connaître vos
« observations. » Tome II, page 453.

2° « De Bobr, le 23 novembre :

« Il est important que vous fassiez couper la route
« de Lepel, comme vous vous proposiez de le faire,
« du côté de Baran, afin d'être certain que Witt-
« genstein ne porte rien sur Oudinot; s'il y portait
« quelque chose vous devez l'attaquer vigoureuse-
« ment. » Tome III, page 451.

3° « De Losnitza, 25 novembre, 4 heures du
matin :

« Votre principal but est d'empêcher Wittgenstein
« d'atteindre Oudinot, et il vous avait toujours été
« ordonné d'arriver promptement sur Baran ; vous
« n'en avez rien fait, de sorte que le général Steinhell
« (de l'armée de Wittgenstein) s'est déjà joint à l'armée
« de Tschichagof, et a suspendu notre mouvement
« de passage de la Bérézina, qu'il est cependant si
« important, dans la situation où nous nous trouvons,
« d'opérer promptement. Portez-vous en toute dili-
« gence à Kostritza (route de Baran à Wésélowo), de
« manière à arriver de bonne heure ; éclairez tout ce
« qui se passe depuis Kostritza jusqu'à Baran ; atta-
« quez vigoureusement tout ce qui se présentera ;
« mettez-vous en communication avec Oudinot qui
« est à Borisow, où je vais me porter, etc. » Tome III.
page 465.

4° « A 4 kilomètres de Borisow, 25 novembre,
2 heures après-midi :

« Je suis étonné que vous ayez entièrement aban—
« donné la route de Lepel à Borisow. Puisque vous
« êtes sur la route de Losnitza, cela est sans remède ;
« ce surcroît d'encombrement nuira beaucoup à votre
« troupe. Il est fâcheux, puisque vous étiez en pré-
« sence de l'ennemi, de ne l'avoir pas bien rossé. S'il

« vous a suivi et vous inquiète, tombez sur lui avec
« votre arrière-garde et une de vos divisions. Je vois
« avec peine que l'ennemi vous a offert de belles occa-
« sions de le battre et que vous n'avez jamais su en
« profiter, etc. » Tome III, pages 465, 466.

Comment se fait-il donc que ces instructions si formelles, que nous transcrivons d'après l'ouvrage du
général de Chambray, n'aient point fixé son opinion sur
la faute commise par le maréchal Victor en prenant
une direction autre que celle qu'il ne devait jamais perdre de vue ? C'est que sans nul doute il voulait rejeter
cette même faute sur l'empereur, qui aurait donné
l'ordre trop tard. Est-ce de l'impartialité ?

Quoi qu'il en soit, heureusement cette conduite du
maréchal n'eut point toutes les conséquences fâcheuses
qui auraient pu en résulter, si le général Wittgenstein,
au lieu de suivre son adversaire sur Batury, s'était
porté rapidement sur Wésélowo par la route de Baran,
qu'abandonnait le maréchal Victor; hasard favorable
sous certains rapports, qui indique cependant que,
dans tout ce qui est relatif à l'opération si importante
du passage de la Bérézina, l'Empereur, n'oubliant rien,
sut toujours maîtriser la situation autant qu'il lui était
donné de le faire. C'est ce que n'ont point compris les
historiens qui l'ont blâmé pour cette même opération,
comme ils ont à peine remarqué que l'Empereur,

vivement préoccupé de la position de Borisow, écrivit
plusieurs fois au maréchal Oudinot et au général Dombrowski de ne rien négliger pour sa conservation. Il
leur indiquait ce qu'ils devaient faire dans le cas où
l'ennemi se serait emparé de la tête du pont de Borisow. Malheureusement, le 22, au moment où il
allait atteindre Toloczin, il reçut la fâcheuse nouvelle
que l'amiral Tschichagof venait, malgré la résistance du
général Dombrowski, de s'emparer de cette tête de pont
et de la ville, située sur la rive gauche de la Bérézina.
Cet événement majeur, en détruisant l'espoir qu'avait
l'Empereur de traverser cette rivière à Borisow, changea ses dispositions et le força d'exécuter de vive force
le passage sur un autre point. En conséquence, il
écrivit de Toloczin le 23 à une heure du matin, au
maréchal Oudinot, « de s'emparer le plus promptement possible du gué de Wésélowo, à 2 myriamètres
au-dessus de Borisow, d'y faire construire des ponts,
des redoutes, des abatis pour les garantir, etc. »

A la réception de cette lettre, le maréchal, qui
venait d'être rejoint par le général Dombrowski, partit
le 23 de Losnitza, à la pointe du jour. Arrivé à une
courte distance de cette position, il rencontra la division russe du général Palhen, que l'amiral Tschichagof
avait envoyée de Borisow à la poursuite du général
Dombrowski. Apercevoir cette division, l'attaquer et

la culbuter, fut l'affaire d'un instant. Profitant de sa victoire, le maréchal Oudinot, sans donner le temps à l'ennemi de se reconnaître, le mena si vivement l'épée dans les reins, qu'il se sauva jusqu'à Borisow et jeta une telle confusion dans l'armée de l'amiral, établie en avant de la ville sur la route d'Orcha, qu'à l'approche des Français, bataillons, escadrons se précipitèrent sur la rive droite de la Bérézina, dont on se hâtade couper le pont, abandonnant un millier de prisonniers et tous les bagages du quartier-général et de l'armée, réunis à Borisow. La terreur panique était si complète que, sans la destruction du pont, qui arrêta le maréchal Oudinot, c'en était fait de l'armée russe. Le colonel Boutourlin, tome II, pages 357 et 358, confirme ces faits. Il convient en outre « que l'amiral, en ne faisant pas soutenir la division Palhen, commit une imprudence dont les suites auraient pu devenir très-désastreuses pour son armée. »

Ce succès du maréchal Oudinot, en forçant les Russes à détruire le pont, était un malheur pour l'armée française, car autrement, à son arrivée à Borisow, elle s'en serait sans doute emparée de vive force, comme elle l'avait fait dans la campagne de 1809 en Autriche, le 21 avril, pour le pont de Landshut sur l'Isar, et le 3 mai pour celui d'Ebersberg sur la Traun, où, malgré une position admirable, hérissée de canons, et 40 000 Autrichiens, la division Claparède, du corps du maréchal Masséna, forte de 7 à 8 000 combattants, s'empara du pont et de cette position après un combat acharné de plus de trois heures. Lutte des plus remarquables, dont l'histoire puisse, sans contredit, conserver le souvenir, lutte qui aurait pu se reproduire à Borisow, avec des sacrifices sans nul doute; mais qu'eussent-ils été comparativement à ceux dont peu de jours plus tard il fallut payer le passage de la rivière à Studianka?

Le maréchal Oudinot, dans l'impossibilité où il se trouva de suivre les Russes de l'autre côté de la Bérézina, s'établit à Borisow; mais sentant l'importance des instructions de l'Empereur, relativement au passage de la rivière, il fit faire des reconnaissances au-dessous et surtout au-dessus de cette ville pour reconnaître le point favorable à l'établissement des ponts, d'autant plus difficile à désigner, qu'il existe sur l'une et l'autre rive de la Bérézina, à partir de Borisow jusqu'au delà de Studianka, des marécages que le dégel, qui était survenu depuis plusieurs jours, avait rendus impraticables pour l'artillerie, et qu'il fallait, en outre, éviter de choisir un lieu trop rapproché de l'armée de Tschichagof.

Ces difficultés reconnues, le maréchal Oudinot se décida pour celui de Studianka, parce que la rive gauche de la Bérézina y domine la rive droite, et que, le 21 décembre, le général Corbineau, commandant une brigade de cavalerie légère du corps du maréchal Oudinot, y avait passé avec sa brigade la Bérézina à gué, lorsqu'il cherchait à rejoindre son corps d'armée, dont il avait été détaché dans les environs de Polotsk.

Bien fixé sur le lieu du passage, le maréchal Oudinot envoya à Studianka, dans la nuit du 23 au 24, son général d'artillerie avec un détachement pour réunir et préparer les matériaux nécessaires à la construction de deux ponts ; puis, après avoir ordonné de nombreuses démonstrations à Borisow et au-dessous, afin de tromper l'amiral Tschichagof, il se rendit le 24 à Studianka, où son corps le rejoignit dans la soirée, ainsi que le général de division d'artillerie Eblé, commandant les équipages de pont de la grande armée, et le général de division du génie Chasseloup, envoyés par l'Empereur pour diriger lés travaux. L'Empereur, de son côté, venait d'arriver le même jour à Borisow avec la garde impériale, y avait fait continuer plus sérieusement encore les démonstrations commencées par le maréchal Oudinot, en ordonnant de préparer sous les yeux de l'ennemi ce qui était nécessaire pour retablir le pont détruit la veille, et en envoyant au-dessous de la ville de forts détachements avec de l'artillerie. Le 25, tandis qu'à Studianka on activait les préparatifs pour établir deux ponts, l'un destiné à l'infanterie et à la cavalerie, l'autre à l'artillerie et aux voitures, l'Empereur vint à Staroï-Borisow, à 8 kilomètres de Borisow. La garde se porta dans la nuit à Studianka. L'Empereur s'y trouva le lendemain 26 à sept heures du matin. A son arrivée, il fit aussitôt passer la rivière à la nage par quelques cavaliers de la brigade Corbineau, portant chacun en croupe un voltigeur, afin de protéger les travaux et d'éloigner les cosaques qui se trouvaient sur la rive droite ; puis il fit jeter successivement sur la même rive 3 à 400 hommes d'infanterie au moyen de trois faibles radeaux.

Ces mesures prises, l'Empereur ordonna immédiatement la construction des ponts, qui aurait pu être devancée de vingt-quatre heures si les chevalets faits le 24 avaient été plus solidement établis ; mais le général Eblé, à son arrivée à Studianka, les trouva si faibles, qu'il dut renoncer à s'en servir et en fit commencer d'autres dans la soirée du 25.

Un jour de perdu, dans un moment où les minutes étaient comptées, est une faute à laquelle l'Empereur ne devait pas s'attendre, puisque toutes ses instructions prescrivaient de mettre la plus grande célérité dans tout ce qui était relatif à la construction des ponts. Sans cette faute, sur laquelle nous ne saurions trop insister, la grande armée aurait traversé tranquillement la Bérézina, dans le moment où l'amiral Tschichagof s'éloignait de Borisow avec une partie de ses troupes pour courir au-dessous de cette ville vers Bérézino, et où le général Wittgenstein ne pouvait encore entraver le passage de la rivière.

Pendant qu'on portait sur sa rive droite le petit nombre de troupes dont nous venons de parler, l'Empereur ordonna de placer sur les hauteurs de Studianka l'artillerie du 2ᵉ corps, à laquelle toute l'artillerie de réserve de la garde vint se joindre. Cette batterie, de plus de 40 pièces, qui dominait la Bérézina et toute la plaine en avant de Studianka, avait ordre de foudroyer ce qui se présenterait de la division russe du général Tschaplitz, laquelle, comme nous l'avons dit autre part, était établie depuis le 23 à Brilowa, en face de Studianka, d'où elle ne bougea pas, ce qu'on doit reprocher à son général, car la prairie marécageuse qui sépare Brilowa de la rivière, et que le dégel des jours précédents avait rendue impraticable, n'était plus la même depuis le 24, par suite de gelées assez fortes pour transformer les marécages en terrains solides et couvrir la Bérézina d'énormes et nombreux glaçons : au lieu donc de profiter de cette situation favorable, non pour arrrêter les travaux de

ses adversaires, que leur batterie de 40 pièces protégeait, mais pour les attaquer au moment où ils déboucheraient du pont, le général Tschaplitz se borna
à jeter dans les broussailles quelques tirailleurs, et à
faire descendre des hauteurs deux pièces de canon qui
durent se retirer aussitôt ainsi que les tirailleurs.

L'Empereur, dont l'impatience était grande, activait par sa présence la construction des deux ponts,
éloignés l'un de l'autre de 195 mètres et longs de près
de 100 mètres chacun (la Bérézina avait à Studianka
95 mètres de large et 2 mètres de profondeur); mais
malheureusement, malgré toute l'ardeur qu'on y mettait, le travail n'avançait qu'avec une extrême lenteur,
car pour placer chaque chevalet et l'enterrer dans le
fond inégal et vaseux de la rivière, il fallait l'y maintenir jusqu'au moment où les bois qui servaient de
poutrelles étaient fixés sur les chapeaux (il y avait à
chaque pont 23 chevalets de 5 mètres de longueur et
de 1 à 2 mètres et demi de hauteur). Ce travail, constamment entravé par les énormes glaçons que charriait
la rivière et par la difficulté de son lit, ne se serait
certainement point fait sans l'héroïque dévouement
des pontonniers, qui, pour placer et enterrer les chevalets, entraient dans l'eau, souvent jusqu'aux aisselles, ayant à lutter contre le courant et les
nombreux glaçons dont ils ne pouvaient se débarrasser

qu'avec beaucoup de peine. Excités par la continuelle présence de l'Empereur, encouragés par le général Eblé et leurs officiers (le colonel Chapelle, le lieutenant-colonel Chapuis, les chefs de bataillon Zabern, Delarue, le capitaine Peyrimoff, etc...), qui se multipliaient à l'infini et payaient d'exemple, les pontonniers et les sapeurs du génie, s'animant les uns et les autres [1], firent de si grands efforts qu'à une heure de l'après-midi ils terminèrent le pont de droite. A peine les dernières pièces du tablier étaient posées que l'Empereur, qui depuis son arrivée n'avait pas quitté les bords de la Bérézina, se plaçant à l'entrée du pont, y fit passer sous ses yeux le corps du maréchal Oudinot, fort de près de 5 500 fantassins et 1 200 cavaliers. Deux pièces de canon, leurs caissons et quelques cais-

1. Le général Eblé avait avec lui, en arrivant à Borisow, 7 compagnies de pontonniers, formant ensemble un chiffre d'environ 400 hommes en bon ordre et tous armés. Le matériel était de 6 caissons renfermant des outils en bois, en fer, des clameaux, des clous, des haches, des pioches et du fer, deux forges de campagne, deux voitures de charbon. Par les soins du général Eblé, chaque pontonnier avait pris à Smolensk un outil, 15 à 20 grands clous, quelques clameaux, que tous apportèrent fidèlement à Studianka. Le général Chasseloup avait sous ses ordres plusieurs compagnies de sapeurs et quelques ouvriers de marine. On laissa à Borisow 2 compagnies de pontonniers et 2 compagnies de sapeurs pour faire auprès du pont rompu des démonstrations de passage. Le reste de la troupe, avec les caissons d'outils, les forges et les voitures de charbon, se rendit à Studianka. (Manuscrit du colonel Chapelle et du lieutenant-colonel Chapuis sur le passage de la Bérézina, dont nous possédons une copie authentique.)

sons de cartouches, furent le seul matériel que le pont permit de transporter sur la rive droite.

En voyant défiler ces troupes avec autant d'ordre qu'elles montraient d'ardeur, l'empereur put être certain que l'ennemi contre lequel elles allaient s'élancer ne résisterait pas. En cela, il ne fut pas trompé, car aussitôt la Bérézina franchie, le maréchal Oudinot marcha droit au général Tschaplitz, qui, attaqué vivement, et quoique du double plus fort que son adversaire, ne tint qu'un instant son excellente position et se retira jusqu'à Stakow, 4 kilomètres de Borisow, au lieu de prendre la direction si importante de Zembin. A Stakow, la division de Palhen, étant accourue de Borisow à son secours, il prit vigoureusement l'offensive ; mais tous ses efforts, vainement répétés, vinrent échouer contre la résistance du maréchal Oudinot, qui se maintint dans sa position jusqu'à la nuit, et qui, pendant la lutte, envoya un détachement s'emparer de Zembin, gardée seulement par quelques cosaques. Fait d'une portée incalculable, car en avant de cette ville, on trouve des marais immenses et profonds qu'on ne peut traverser que sur trois ponts étroits, à la suite les uns des autres, et formant ensemble une longueur de près de 1 200 mètres. Si le général Tschaplitz s'était retiré derrière ces marais ou en eût fait brûler les ponts, ce qu'il aurait dû exécuter, la grande armée aurait été dans une position fort embarrassante, dont elle n'aurait pu sortir qu'en culbutant les troupes de Tschichagof pour gagner Borisow et Minsk. Ce résultat n'étant possible que le 29, après son entier passage de la Bérézina, il est à peu près certain qu'alors elle aurait eu à lutter contre les 60 à 70 000 hommes de Koutousoff et de Wittgenstein, barrant la route de Minsk. Ces faits n'ayant pas eu lieu, la prise de Zembin fut donc très-heureuse, et le général Tschaplitz est très-blâmable de ne l'avoir point empêchée.

Quant à cette occupation de Zembin, nous croyons que M. Thiers s'est trompé en écrivant, tome XIV, page 616 : « L'empereur ordonna le 27, vers la fin du jour, au maréchal Davout, dès qu'il aurait passé, de s'avancer sur la route de Zembin, afin de n'être pas prévenu par les cosaques à plusieurs défilés importants de cette route. »

L'Empereur ordonna, il est vrai, au maréchal Davout de se porter sur la route de Zembin, comme il l'avait ordonné au prince Eugène quelques heures plus tôt ; mais ce ne fut pas pour mettre à l'abri des cosaques les défilés de cette même route, car il savait parfaitement que depuis la veille ces défilés étaient gardés par le détachement que le maréchal Oudinot y avait envoyé, ainsi que nous venons de l'expliquer plus haut.

L'erreur de l'historien serait de peu d'importance si celle de la localité en question ne lui en donnait pas une plus grande, car cette route de Zembin était d'un trop puissant intérêt pour que le maréchal Oudinot n'y eût point songé le 26, et pour que l'Empereur ne s'en soit occupé que le 27, fort tard dans la soirée. Et d'ailleurs, si véritablement l'Empereur avait été préoccupé de cet objet, comme le dit l'historien, est-ce que ce n'est pas le prince Eugène, ayant traversé la Bérézina et pris la route de Zembin quelques heures plus tôt que le maréchal Davout, qui aurait été chargé de la mission de préserver les défilés? Nous ferons en outre observer que si l'Empereur n'avait pas été certain qu'ils étaient solidement gardés par des troupes du maréchal Oudinot, à défaut d'autres soldats sous la main, il y aurait bien certainement envoyé un détachement de la garde impériale, laquelle était depuis une heure de l'après-midi sur la rive droite de la Bérézina. Mais ce qui vient à l'appui de notre observation, la confirmer même, c'est ce que M. Thiers dit, page 619, où on lit ces mots : « Le 28, Eugène, Davout, Junot, tous en marche sur Zembin, n'étaient guère en mesure de servir sur le point où se trouvait Oudinot. »

Si le prince Eugène était en tête de ces troupes se dirigeant sur Zembin, le maréchal Davout n'avait donc pas reçu l'ordre de s'y avancer pour en protéger les défilés, ainsi que l'a écrit à tort **M. Thiers.**

Au sujet du passage de la Bérézina par les premières troupes, le général de Chambray a présenté, tome III, pages 53 et 54, les remarques suivantes :

« La fortune servit Napoléon au milieu de ses désastres ; car si l'on eût pu construire les ponts aussitôt qu'il en avait donné l'ordre, Tschichagof, qui était alors à Bórisow avec trois divisions, se serait aussitôt transporté à Brilowa ; les marais qu'il fallait traverser après avoir franchi la Bérézina n'étant pas encore praticables, le passage aurait donc été inexécutable. Ainsi, ces retards, qui lui avaient fait éprouver tant de contrariétés, le sauvèrent. Quant à la construction matérielle des ponts, elle ne fut possible que par trois circonstances indépendantes de sa volonté : le peu de profondeur de la rivière ; la possession d'un village bâti en bois dans le lieu même où l'on pouvait établir les ponts ; la conservation d'un matériel suffisant due à la prévoyance du général Éblé. »

On ne peut pourtant laisser passer ce paragraphe sans le combattre, car indépendamment des erreurs qu'il renferme, il porte un cachet de malveillance assez prononcé pour qu'il y ait nécessité d'en démontrer l'injustice.

Si l'on avait commencé les ponts aussitôt que l'Empereur l'espérait, ils auraient été terminés le 25 dans l'après-midi, et le passage se serait alors exécuté sans trouver Tschichagof entre Brilowa et Stakow, puisque, persuadé par les renseignements du général Wittgenstein et du maréchal Koutousoff, que l'empereur Napoléon se portait au-dessous de Borisow, il était parti de cette ville le 25, à la pointe du jour, avec une division et la réserve pour se porter vers la basse Bérézina.

Avant de faire son mouvement, il ordonna même au général Tschaplitz d'abandonner de suite la position de Brilowa pour venir à Borisow se joindre à la division Palhen. Cet ordre avait été exécuté lorsque, le 26, le général Tschaplitz apprit ce qui se passait à Studianka, assez à temps pour accourir en toute hâte reprendre son poste de Brilowa. (Colonel Boutourlin, tome II, pages 366 et 367.)

En écrivant que, le 25, les marécages n'étaient pas praticables, le général de Chambray a commis une autre erreur, car si le froid avait été assez fort le 24 pour que, le 25, la Bérézina fût couverte d'épais glaçons, à bien plus forte raison l'eau stagnante des marais qui bordent la rivière devait être complétement gelée, et il est certain que, dès le 25, les marécages étaient praticables, avec des difficultés sans nul doute, mais difficultés qu'on aurait vaincues, ce qui n'eût point été possible le **24**.

Quant à la remarque relative à la construction matérielle des ponts, qui, suivant le général de Chambray, fut indépendante de la volonté de l'Empereur, il nous semble que l'historien aurait dû s'abstenir de la présenter de manière à faire croire que l'Empereur ne s'était nullement préoccupé de cet objet si important. Une telle pensée ne peut entrer dans l'esprit, car s'il ordonna, à Orcha, la destruction de deux équipages de pont (**60** bateaux avec leurs agrès), c'est qu'il savait que la Bérézina n'avait pas ordinairement une grande profondeur (à Studianka, cette profondeur n'était pas d'un mètre le **21**, et si le **24** on en trouva deux, c'est par suite du dégel des jours précédents); autrement, il est certain que l'Empereur aurait conservé une partie de cet équipage et l'aurait comprise dans ses instructions relatives à l'artillerie, dont les officiers avaient l'ordre formel de s'emparer de tous les chevaux qu'ils trouveraient, même de ceux de l'Empereur, plutôt que d'abandonner une seule voiture d'artillerie.

Les maisons de Studianka fournirent, il est vrai, du bois pour la construction des ponts, mais on en aurait trouvé de même aux gués de Wésélowo, de Stakow, et d'Ukoloda, comme à tous les autres gués de la

Bérézina, parce que partout où il y a un passage de rivière, soit gué, soit pont, il y a non loin des habitations.

Il est vrai encore que c'est au général Éblé qu'on
doit l'organisation et la conservation du matériel. Mais
qui dit que quand, à Orcha, l'Empereur fut dans la
nécessité de faire détruire les équipages de pont, faute
d'attelages, il ne recommanda pas au général Éblé
d'organiser ce matériel? Au surplus, en supposant
que l'Empereur n'y eût pas même songé, n'était-il
donc pas du devoir du général Éblé, chef des équipages de pont de la grande armée, de prendre toutes
les mesures possibles pour pouvoir, à l'occasion, sup-
pléer en partie à la perte si inévitable et si regrettable
des pontons?

Si nous tenons ce langage, ce n'est certainement
pas avec l'intention de porter la moindre atteinte à la
réputation si belle et si méritée du général Éblé, car
nous savons, et l'avons déjà dit, quel fut son admirable dévouement de tous les instants au passage de
la Bérézina; dévouement, qu'excepté M. Thiers, qui
l'exalte comme il devait l'être, la plupart des historiens de la campagne de Russie n'ont pas fait assez
ressortir. Mais dans le sujet que nous traitons, nous
tenions à démontrer que les remarques du général de
Chambray ne sont pas exemptes de partialité ou d'injustice; car il est certain que c'est l'empereur qui, à

Orcha, ordonna et veilla à ce que l'on mît en réserve le matériel nécessaire à la construction de ponts sur chevalets.

Nous avons dit que le pont de droite avait été terminé le 26 à une heure de l'après-midi; celui de gauche ne put être prêt qu'à quatre heures. Plus solide et plus large, il était destiné au passage de l'artillerie. Les pièces du 2ᵉ corps filèrent d'abord, celles de la garde impériale suivirent; le grand parc, composé de 300 voitures, dont 50 pièces de canon, vint ensuite. Dans la même nuit, le corps du maréchal Ney (3 700 fantassins et 300 cavaliers) se transporta sur la rive droite et fut prendre position derrière le maréchal Oudinot, entre Stakow et Brilowa.

Ces divers passages ne s'exécutèrent point sans éprouver de longs temps d'arrêt, car le pont de gauche se rompit deux fois, la première à huit heures du soir, la deuxième à deux heures du matin. Chaque accident ayant demandé trois ou quatre heures de réparations, on aura de la peine à croire tout ce qu'il fallut de courage, de persévérance, d'abnégation et d'efforts de la part du général Èblé, des officiers, des pontonniers et des sapeurs pour rétablir le passage. Travaillant par une nuit obscure, un froid très-rigoureux et dans l'endroit le plus profond de la rivière, ils oubliaient qu'ils étaient exténués de fatigue, de faim,

pour ne songer qu'à la noble mission qu'ils remplissaient, donnant constamment des preuves du courage
le plus héroïque pendant les journées des 25, 26, 27,
28 et 29 novembre, et succombant presque tous peu
de jours après.

A ce sujet, le baron Denniée a commis une erreur
que nous devons relever, parce qu'ayant été attaché
comme inspecteur aux revues à l'état-major du prince
Berthier, qu'il n'a pas quitté pendant la campagne de
Russie, son ouvrage fait autorité. Il prétend, page 157,
« que le général Éblé parvint à réunir 15 à 20 pontonniers, et que c'est avec ce petit nombre d'hommes
qu'il fit construire les pónts. » Quand il est positif que
le général Éblé arriva le 25 à Studianka avec 5 compagnies de pontonniers, 2 compagnies de sapeurs,
formant un total de près de 500 hommes bien orga-
nisés, bien armés et munis d'un bon matériel pour
construire des ponts sur chevalets.

Pendant ces journées des 25 et 26, sur les ordres
pressants de l'empereur, les corps en arrière, 4e corps
(2 000 hommes), et 1er corps (2 000 hommes),
prince Eugène et maréchal Davout, hâtaient leur
marche vers Studianka. Celui du maréchal Victor, 9e
(10 000 fantassins et 800 cavaliers), occupa Borisow
le 26 dans la soirée; après y avoir laissé la division
Partouneaux (3 500 hommes et 300 chevaux), il se

dirigea dans la nuit vers Studianka avec les divisions Daendels et Girard, et atteignit ce village dans la matinée du 27, où quelques heures après arriva le corps du prince Eugène et plus tard celui du maréchal Davout, laissant derrière eux une masse énorme de gens isolés et de traînards.

L'empereur, qui avait passé la nuit à Studianka, et qui, dès le matin du 27, s'était personnellement occupé avec une sollicitude extrême de rétablir l'ordre près des ponts où l'encombrement était déjà considérable, passa la Bérézina à une heure après-midi, suivi de la garde impériale et de la division Daendels du 9e corps, et se porta aussitôt aux avant-postes des maréchaux Oudinot et Ney, pour examiner la position des ennemis qu'ils avaient devant eux. Pendant ce temps, la garde s'établit en arrière des troupes des |deux maréchaux, au village de Zaniwki, 4 kilomètres des ponts, où l'empereur vint à la chute du jour.

Il fallut la soirée et toute la nuit pour achever le passage du 4e et du 1er corps, lequel ne put se faire qu'avec une lenteur extrême et de grandes peines, tant les abords des ponts étaient encombrés de voitures particulières, de chevaux et d'hommes isolés, qui, au lieu de profiter des moments où ils pouvaient franchir la rivière, restaient dans la plus complète apathie là où ils s'étaient établis. Le passage des deux corps d'armée terminé, il ne resta donc sur la rive gauche de la Bérézina que les divisions Partouneaux, Girard et celle de cavalerie du général Fournier; à ces divisions nous ajouterons le 85e régiment de ligne, 4e division, général Dessaix, 1er corps. Marchant à l'extrême arrière-garde de ce corps, qui se rendait de Borisow à Studianka, ce régiment, à l'entrée de la nuit et à 2 kilomètres de ce village, reçut l'ordre de rester en observation sur la grande route. Il n'abandonna cette position que le lendemain à 8 heures, et passa le pont à 10. Pour l'atteindre, il dut se faire jour à travers une épouvantable mêlée, où hommes et chevaux, encore palpitants, étaient amoncelés les uns sur les autres, et où chaque projectile d'une forte batterie ennemie faisait de nombreuses victimes, dont les cris déchirants étouffaient le bruit du canon.

Tandis que les corps français se portaient sur la rive droite de la Bérézina, de leur côté les Russes s'avançaient vers Studianka, certains d'y anéantir leurs adversaires; mais dans leur présomption, ils oublièrent qu'ils avaient devant eux le grand capitaine et ses vaillants soldats, assez vigoureusement trempés pour résister courageusement, malgré leur petit nombre, aux attaques réitérées dont ils allaient être assaillis, car le cercle qui se formait autour d'eux se resserrait

de plus en plus. Sur la rive droite, l'amiral Tschichagof, ainsi que nous l'avons déjà dit, était revenu en
toute hâte de la basse Bérézina sur Borisow dans la
soirée du **26**, d'où il ne bougea pas pendant la journée
du **27**, ce qu'on peut lui reprocher, mais inaction dont
il profita cependant pour se mettre en communication
avec le général Wittgenstein, arrivé le **26** à Kostritza.
De là, ce dernier, en se portant sans retard à Studianka, pouvait y couper le maréchal Victor qui attei-
gnait ce même jour Borisow, et le prince Eugène ainsi
que le maréchal Davout, qui n'y étaient pas encore
arrivés.

Il sera facile de comprendre combien les embarras
du passage eussent été augmentés pour ces trois corps
d'armée, si le général Wittgenstein, sans s'arrêter à
Kostritza (il pouvait le faire), s'était rapidement porté
là où il s'effectuait, et se fût établi entre ce point et
la route par où venaient ces troupes; mais sa constante hésitation et sa lenteur dans tous ses mouvements depuis qu'il suivait les Français, avec lesquels
on aurait dit qu'il craignait de se mettre en contact,
le dominèrent dans un moment où il ne fallait que
vouloir. Au lieu donc de marcher haut la main de
Kostritza à Studianka, il se porta au contraire, le **27**,
sur Staroï-Borisow, et encore si mollement, qu'il n'y
arriva qu'à **3** heures de l'après-midi, quand il lui était

possible d'y être bien plus tôt, et quand étaient déjà passés le maréchal Victor, le prince Eugène et le maréchal Davout, se portant sur Studianka. Faute énorme que le colonel Boutourlin a voulu justifier en écrivant, tome II, page 371 :

« Le général Wittgenstein eut la pensée, le **26**, de se porter à Studianka pour couper ou culbuter ce qu'il trouverait d'ennemis sur la gauche de la Bérézina; mais le chemin direct de Kostritza à ce village ayant été trouvé impraticable pour l'artillerie, il se décida malgré lui à marcher sur Stroï-Borisow, dans l'intention ou de couper Victor s'il tardait à évacuer Borisow, ou de le poursuivre sur la direction de Studianka dans le cas où il aurait dépassé Staroï-Borisow. »

Justification inadmissible, parce que nous ferons observer que la grande route, et non le chemin de Kostritza à Studianka, est celle de Baran à ce dernier village, tandis que la voie suivie par le général Wittgenstein est un chemin de traverse qui eût été tout à fait impraticable pour l'artillerie sans la gelée du **24** et des jours suivants.

Malheureusement, ce qui était une faute de la part du général Wittgenstein lui fournit la possibilité d'obtenir un beau succès sur la division Partouneaux, du 9ᵉ corps, qu'il fit prisonnière.

Restée pendant une partie de la journée du **27** à

Borisow, elle en partit à quatre heures du soir et suivit la route de droite au lieu de celle de gauche, que le maréchal Oudinot et les autres troupes avaient prise. En arrivant près de Staroï–Borisow, elle trouva 18 000 Russes et 60 pièces de canon lui barrant le passage; sa droite était dominée par des hauteurs garnies du reste de l'armée de Wittgenstein; à sa gauche coulait la Bérézina; derrière elle était Platoff avec ses cosaques; de l'infanterie et de l'artillerie s'approchaient; et enfin, jusque dans ses rangs, un nombre considérable d'hommes isolés, de voitures, de chevaux paralysaient en quelque sorte sa marche.

Malgré cette situation critique, malgré les feux terribles et croisés de l'ennemi, la division Partouneaux s'étant divisée pour aborder franchement tout ce qui se trouvait devant elle et sur sa droite, se battit avec la plus grande énergie pendant plusieurs heures, puis à bout de ses forces, et après avoir perdu la moitié de son monde par le feu des Russes, elle déposa les armes, laissant au pouvoir de l'ennemi, son chef, le général de division Partouneaux, les généraux de brigade Camus, Billard, Blamont blessé, Delaître blessé, près de 2 000 hommes dont 400 cavaliers, 3 pièces de canon, 5 à 6 000 traînards et beaucoup de bagages. Trophées bien peu glorieux

pour ses adversaires, puisqu'elle était complétement
cernée par près de quarante mille hommes, et qu'elle
résista pendant quatre heures d'un *combat opiniâtre*;
ce sont les expressions du général Wittgenstein dans
son rapport officiel.

De cette malheureuse division, un seul bataillon
du 55ᵉ de ligne, commandant Joyeux, échappa à ce
désastre. Parti le dernier de Borisow et chargé de faire
l'arrière-garde, il prit la route de gauche suivie par la
plus grande partie de l'armée, et arriva sans obstacle
à Studianka.

Lorsqu'en 1826, le général Partouneaux a publié
une brochure (explications du lieutenant général comte
Partouneaux) sur cet événement si malheureux pour
lui et sa division, il y a été porté par un sentiment
honorable que tout le monde appréciera, celui de se
justifier et de rectifier le passage du 29ᵉ bulletin de
la grande armée, daté de Molodeczno le 3 décembre,
qui le concerne, et se termine ainsi : « Des bruits couraient que le général de division n'était pas avec sa
colonne et marchait isolément. »

On conçoit qu'en lisant ces mots, le cœur du vieux
soldat, éprouvé dans tant de batailles, dut être cruellement froissé et que son devoir était de les repousser;
c'est ce qui a guidé le général Partouneaux expli-
quant la manière dont il fut fait prisonnier. Cepen-

dant on aurait désiré que, dans sa justification, il se fût abstenu de mettre en regard de la partie du 29e bulletin concernant sa division, la réfutation dudit bulletin, faite au quartier général de l'armée russe et imprimée dans les journaux étrangers. Cette réfutation, tout en faisant l'éloge du général Partouneaux, éloge mérité, porte néanmoins un tel cachet de persiflage et paraît vouloir jeter un tel ridicule sur le rédacteur du 29e bulletin (l'Empereur), qu'on est peiné que le général Partouneaux s'en soit servi. Il semble qu'il aurait dû penser que ce bulletin, écrit le 3 décembre, par conséquent cinq jours après la catastrophe, et dans un moment où les renseignements devaient manquer, avait bien pu ne pas la présenter sous son véritable jour et confondre les faits, sans pourtant s'écarter de la vérité au point de ne pas reconnaître que le fond était exact. En effet, que dit ce bulletin? il annonce : « Qu'une brigade de la division qui formait l'arrière-garde, partit de Borisow à sept heures du soir; qu'elle arriva entre dix et onze heures du soir; qu'elle chercha la première brigade et son chef de division qui étaient partis deux heures avant, et qu'elle n'avait pas rencontrés en route; que ses recherches furent vaines; que l'on conçut dès lors des inquiétudes; que tout ce qu'on a pu connaître, c'est que la première brigade, partie à cinq heures, s'est égarée à six, a pris à droite au lieu de prendre à gauche, et a fait 8 ou 12 kilomètres dans cette direction ; que la nuit, et transie de froid, elle s'est ralliée aux feux de l'ennemi, qu'elle aura pris pour ceux de l'armée française, qu'entourée ainsi elle aura été enlevée. »

D'un autre côté, la relation du général Partouneaux apprend : « Que la brigade Camus était entrée dans Borisow pour y établir l'ordre et observer Tschichagof en position sur la rive droite de la Bérézina (les deux autres brigades de la division étaient restées sur la route d'Orcha) ; qu'ayant décidé sa retraite, il fut étonné, en entrant dans Borisow, d'y trouver les Russes ; que le général Camus l'ayant évacuée, prit position sur un plateau au delà de Borisow (route de Wésélowo) ; que la brigade Billard ayant abordé l'ennemi à la baïonnette le refoula vers le pont et le força de repasser la rivière ; que la brigade Camus, par son évacuation de Borisow, redevenue son avant-garde d'arrière-garde qu'elle devait être, formait sa tête de colonne ; qu'il marchait avec la brigade Billard : venait ensuite la brigade Blamont ; que des deux régiments de cavalerie de la brigade Delaitre, l'un marchait avec la brigade de Camus et l'autre sur les flancs et derrière la brigade Blamont (un seul régiment d'infanterie formait une brigade comme dans le 1ᵉʳ corps d'armée, maréchal

Davout); qu'à une certaine distance de la ville, ayant une montagne à sa droite, il envoya l'ordre au général Blamont de s'y porter pour éclairer sa marche ; qu'à environ 6 kilomètres, la tête de la colonne rencontra l'ennemi à cheval sur la route ; qu'on l'attaqua avec vigueur ; que pendant cette lutte, le général Camus le fit prévenir que le pont de Studianka était en feu (ce général s'était trompé, il avait pris l'incendie d'une ferme pour celle du pont) ; qu'à cette nouvelle qui mettait le comble à leurs maux, il avait envoyé l'ordre au général Camus de chercher, à la faveur de la nuit, à passer la Bérézina, soit en la remontant, soit en la descendant, à gué ou à la nage ; que pour lui, il allait se diriger sur la droite avec la brigade Billard ; qu'il gravit alors la montagne où bientôt il rencontra l'ennemi ; que le prenant pour la brigade Blamont, que d'après ses ordres il devait trouver dans cette direction (cette brigade n'avait point reçu l'ordre, elle avait été rejoindre la brigade Camus avec laquelle elle combattit vigoureusement pendant quatre heures) ; que se trouvant face à face avec les Russes, il les traversa sans tirer et continua à marcher en silence ; qu'après avoir erré plusieurs heures, harcelé par des cosaques, entouré de toutes parts des feux de l'ennemi, exténué de faim, de fatigue et de froid, il déposa les armes. »

Il ressort de cette narration du général Partouneaux, que c'est à l'occupation, par la brigade Camus, du plateau au-delà de Borisow et sur la route de Wésélowo, qu'on doit attribuer le malheur de sa division, car si cette brigade était restée à Borisow, la division, en y arrivant, continuait sa retraite par la route de gauche, route qu'avait prise le maréchal Oudinot avec son corps d'armée, et que prit le bataillon du 55e de ligne faisant l'extrême arrière-garde. La brigade Camus, placée au contraire sur la communication de droite et devenant tête de colonne, se mit en marche sur la route où elle se trouvait établie et fut suivie par les autres brigades, ce qui amena la perte de la division, dont aucun historien n'a signalé la véritable cause. Nous pensons que notre observation doit l'établir assez clairement pour qu'à cet égard le doute disparaisse.

Il ressort en outre de la narration du général Partouneaux, qu'elle ne dément point le 29e bulletin; seulement, elle rend à chacun ce qui lui appartient en rétablissant les faits tels qu'ils se sont passés et que l'Empereur avait confondus, d'après sans doute des rapports incertains qu'indiquent ces mots : « *Tout ce qu'on a pu connaître*, etc. »

Quant à cette observation : « Des bruits couraient que le général de division n'était pas avec sa colonne et avait marché isolément, » on comprend que, renfer-

mant une grave accusation, elle a dû affecter doulou-
reusement le vieux soldat; mais nous ferons observer
qu'il semble qu'elle n'indique pas d'une manière formelle, malgré le mot *isolément*, que le général Partouneaux a été pris seul et loin de ses soldats; il
semble encore qu'elle a voulu dire qu'il s'était porté
sur la droite avec une seule brigade qui déposa les
armes sans combat, le général en convient dans sa
brochure, tandis qu'il laissait sur la route deux brigades, ce qui, aux yeux de l'Empereur était la colonne,
lesquelles se défendirent vigoureusement pendant plusieurs heures; de là, sans doute, ces mots : « Le général de division n'était pas avec sa colonne et avait
marché isolément; » encore n'ont-ils rien d'affirmatif ,
puisqu'ils sont précédés de ceux-ci : « Des bruits
couraient. »

Au surplus, voici comment, en 1824, deux ans
avant la publication de l'écrit du général Partouneaux,
le colonel Boutourlin, tome II, page 374, a présenté
cet épisode; version qui n'a point été contestée.

« Pendant que le général Partouneaux était en
pourparlers avec les Russes, il crut pouvoir s'échapper
dans l'espérance que ses adversaires , sur la foi de la
négociation entamée, se relâcheraient de leur surveil-
lance. A cet effet il se détacha du gros de sa division
avec 400 hommes, et essaya de se glisser par la droite

à travers les bois; mais il tomba sur le régiment de cosaques Czernozoubof qui le fit prisonnier avec ceux qui l'accompagnaient. »

Quoique ce récit diffère essentiellement de celui du général Partouneaux, on doit cependant en conclure, en admettant que le passage du 29e bulletin dont il est question n'ait pas la signification que nous lui croyons, que l'indécision de l'Empereur sur la manière dont le général Partouneaux fut fait prisonnier n'a rien d'extraordinaire.

Il est encore un autre fait important dont nous devons parler.

Le général de Chambray, en traçant la position du général Partouneaux à Borisow, a écrit, tome III, page 60 :

« Selon toutes les apparences, on le sacrifia pour le « salut de l'armée. » M. Thiers tient le même langage, tome XIV, page 620.

De son côté, le général Partouneaux, dans sa relation, exprime la même pensée, motivée, selon lui, sur l'ordre du prince Berthier, « que lui apporta le « colonel d'Ambrugeac, de passer la nuit à Borisow. « Cet ordre, dit-il, était conséquent et militaire; » ce qui est vrai, mais ce qui ne l'est plus, c'est le sens qu'il lui attribue : « qu'en le lui donnant on le sacrifiait. »

Non, on ne le sacrifiait pas, parce que l'Empereur ne put croire un seul instant que le général Wittgenstein commettrait la faute énorme de venir de Kostritza à Borisow, où il pouvait ne plus trouver un seul corps français, au lieu de se rendre à Studianka, où il aurait augmenté d'une manière terrible les embarras du passage.

Ce mouvement était si naturel et si en rapport avec les premières notions de l'art de la guerre, que, dès le 24, le maréchal Oudinot écrivait à l'Empereur que le poste de Studianka était gardé par un détachement des troupes du général Wittgenstein. Ce fait n'existait pas, il est vrai, mais il n'en indique pas moins que l'Empereur et ses lieutenants étaient préoccupés d'un pareil mouvement. La plupart des historiens, dans ce nombre le général de Chambray, conviennent qu'en cette circonstance le général Wittgenstein manqua à sa mission. Le colonel Boutourlin l'indique en écrivant, tome II, page 396 :

« En Russie, on reproche au général Wiltgenstein « de n'avoir pas fait, comme ses instructions le lui « prescrivaient, sa jonction avec l'amiral Tschichagof « en se portant rapidement de Kolopéniczi, Baran, « Wésélowo et la rive droite, à Borisow. »

Il ressort donc de ces explications que si le général Partouneaux reçut l'ordre de passer la nuit à Borisow,

ce n'était point pour le sacrifier au salut du reste de
l'armée, mais bien, d'une part, pour ralentir la marche des généraux Platoff et Yermolof, premières troupes du maréchal Koutousoff qui serraient de près
l'arrière-garde de la grande armée, et de l'autre, pour
tenir en échec l'amiral Tschichagof en l'empêchant de
rétablir le pont de Borisow, dont il se serait alors
servi pour jeter sur la rive gauche une portion de ses
forces, ou pour recevoir sur la rive droite celles des
généraux Platoff et Yermoloff (les troupes de ce dernier exécutèrent ce mouvement dans la nuit du 27 au
28, peu d'heures après que la division Partouneaux
eut quitté Borisow).

La destinée voulut que la faute du général Wittgenstein fût fatale à la division Partouneaux ; dès lors on
devait accepter ce malheur sans vouloir en faire peser
la responsabilité sur l'Empereur, qui ne le méritait
pas ; car si un blâme pouvait se prononcer sur ce désastre, c'est celui qu'il serait possible d'adresser au
général Partouneaux pour n'avoir pas exécuté l'ordre
apporté par le colonel d'Ambrugeac de passer la nuit
à Borisow.

Il crut mieux faire en quittant cette position à quatre heures du soir. Nous ne nous permettrons pas de
juger les motifs qui le décidèrent, mais il est un fait
positif qui ressort de la lettre et de la déclaration que

le général d'Ambrugeac a écrites au général Partouneaux le 20 et le 21 décembre 1825, et qu'on trouve dans les pièces justificatives de la brochure de ce dernier, c'est qu'il importait que la division Partouneaux passât la nuit à Borisow; et quand le major général, qui était sur la rive droite de la Bérézina pendant que l'Empereur était auprès du maréchal Oudinot vers Stakow, apprit, par le colonel d'Ambrugeac, revenu à l'entrée de la nuit de la mission dont il avait été chargé le matin, que l'intention du général Partouneaux était d'abandonner Borisow, « le major général désapprouva fortement la résolution de ce général d'évacuer cette place, qui, disait-il, était la clef de la position, et il donna l'ordre au colonel d'Ambrugeac de repasser les ponts et d'aller dire au maréchal Victor, qui occupait Studianka, d'envoyer, par un détachement de cavalerie, au général Partouneaux l'injonction formelle de rester à Borisow toute la nuit. Le maréchal fit partir un escadron des hussards de Bade qui, ayant rencontré l'ennemi en force à peu de distance de Studianka, rentra sans avoir pu remplir sa mission. »

Cet ordre montre clairement qu'à l'entrée de la nuit (quatre heures du soir) du 26 au 28, le major général ignorait la présence du général Wiltgenstein à Staroï-Borisow, entre Studianka et Borisow (ce ne fut que quelques heures plus tard qu'il en eut connaissance), car autrement on ne peut admettre qu'il aurait envoyé le colonel d'Ambrugeac au maréchal Victor pour qu'il transmette au général Partouneaux une injonction qu'il était matériellement impossible de faire parvenir. Mais supposons que le détachement de cavalerie qui en était chargé, trompant l'ennemi, eût pu joindre la division Partouneaux, à quoi aurait-elle servi en restant à Borisow? Ce n'est pas avec ses 3500 hommes qu'elle aurait paralysé le mouvement sur Studianka des 30 000 combattants du général Wittgenstein (ils y arrivèrent vers huit heures du matin).

De son côté, le général Gourgaud, page 448, assure « que l'Empereur n'envoya pas l'ordre au général Partouneaux de passer la nuit à Borisow, » et il ajoute : « Ce général déclare lui-même que ce fut un officier qui le lui porta de la part du major général. » Mais alors cet officier devait être chargé d'un ordre écrit, car ceux du major général, portés par des officiers autres que ses aides de camp, l'étaient toujours. D'ailleurs, ce n'était point la marche ordinaire, et rien n'obligeait à la changer. Si Napoléon eût voulu que la division Partouneaux restât pendant la nuit du 27 au 28 à Borisow, il aurait chargé le prince Berthier de prescrire cette disposition au maréchal Victor; ou bien s'il eût voulu donner directement cet ordre au général Partouneaux, il lui aurait envoyé un de ses aides de camp ou un officier d'ordonnance ; or, aucun ne reçut cette mission. »

Nous serions très-disposé à accepter cette déclaration comme étant l'exacte expression de ce qui s'est passé pour l'ordre en question ; mais nous croyons que le général Gourgaud s'est trompé, et nous ferons remarquer que si on trouve dans sa version comment les ordres étaient habituellement expédiés du grand quartier général, on n'y trouve pas la certitude qu'on ne s'en écarta point au passage de la Bérézina, puisque le général Gourgaud convient lui-même que c'est un officier qui porta, de la part du major général, au général Partouneaux, celui de rester la nuit à Borisow.

Cet aveu, malgré la restriction qui l'accompagne dans le récit du général Gourgaud, est à noter, car il démontre que l'ordre a été envoyé, puisqu'il a été reçu. Était-il de l'Empereur ou du major général ? Suivant le général Gourgand il serait de ce dernier seulement ; mais le doute est permis à cet égard, surtout quand la déclaration si positive du général d'Ambrugeac apprend : « qu'attaché à l'état-major du prince Berthier et porteur d'ordres pour plusieurs généraux en chef des corps d'armée, il partit du grand quartier général le **27**, à trois heures du matin, pour Borisow ; qu'il rencontra en route, à peu près à moitié chemin, le général Claparède à la tête de sa division, auquel il dit de hâter sa marche d'après l'injonction qu'il avait reçue ; qu'arrivé à Borisow à la pointe du jour, il y trouva deux divisions du maréchal Victor prêtes à partir pour Studianka ; que peu après il remit au maréchal Davout l'ordre qui le concernait ; enfin, que la division du général Partouneaux, faisant l'extrême arrière garde, entra en ville et y prit poste ; qu'il remit au général Partouneaux l'ordre d'occuper Borisow et d'y passer la nuit ; qu'ayant celui de revenir au grand quartier général avant la fin du jour, au moment de son départ, le général Partouneaux le pria de dire au major général que sa position étant des plus critiques, il était forcé d'évacuer Borisow dès que la nuit serait venue. »

Il est clair, d'après ce récit, que le colonel d'Ambrugeac ayant quitté le grand quartier général le 27, à trois heures du matin, les ordres que lui avait remis le prince Berthier émanaient donc de l'Empereur, car on ne peut supposer que le major général eût pris sur lui de les faire et de les expédier sans son assentiment, supposition qu'on pourrait admettre si le colonel d'Ambrugeac était parti dans l'après-midi du 27, au moment où l'Empereur se trouvait vers Stakow auprès du maréchal Oudinot. Alors il eût été possible qu'en raison de l'éloignement de l'Empereur, le major général eût agi de son chef, et encore ne l'eût-il fait qu'avec la certitude qu'il ne serait point désapprouvé; mais rien de semblable n'eut lieu. Le colonel d'Ambrugeac est parti le 27, à trois heures du matin, du grand quartier général où se trouvait l'Empereur, qui travailla toute cette nuit du 26 au 27, et ne dut point, par conséquent, ignorer le contenu des ordres pour plusieurs chefs de corps d'armée et pour le général Partouneaux, dont était porteur le colonel d'Ambrugeac.

Ces explications démontreront que l'ordre en question a été envoyé, quoique le général Gourgaud semble encore vouloir le contraire en écrivant, page 451 : « L'Empereur, impatient de voir la division Partouneaux se réunir aux deux autres divisions du maréchal Victor, envoya un de ses officiers d'ordonnance (le colonel Gourgand) à sa rencontre. Cet officier trouva sur la route le bataillon du 55ᵉ de ligne. S'étant informé à son chef de bataillon Joyeux si la division était loin, celui-ci, étonné de cette demande, répondit que la division le précédait et qu'il faisait son arrière-garde. Convaincu qu'il n'y avait plus que des Russes derrière le bataillon, l'officier d'ordonnance revint porter à l'Empereur cette funeste nouvelle. »

L'impartialité nous commandait de transcrire cette version; mais nous ferons observer qu'elle ne détruit pourtant point celle du général d'Ambrugeac; seulement elle indique :

1° Que plus tard, dans la soirée, l'Empereur, jugeant qu'il importait, pour la journée du 28, que le maréchal Victor eût ses trois divisions sous la main, il envoya l'officier d'ordonnance Gourgaud pour que la division Partouneaux quittât Borisow et vînt se réunir aux deux autres divisions du 9ᵉ corps ;

2° Qu'au moment du départ du colonel Gourgaud, l'Empereur ignorait que le général Wittgenstein était maître des deux routes de Borisow à Studianka ; autrement, il ne l'eût point chargé d'une mission qu'il ne pouvait remplir;

3° Que la division Partouneaux n'avait point été sacrifiée, ainsi que l'ont écrit à tort plusieurs historiens; autrement pourquoi donc l'envoyer chercher par le colonel Gourgaud?

La perte si grave de la division Partouneaux, obligée de déposer les armes, celle du 33ᵉ d'infanterie légère, 4ᵉ division, général Dessaix, 1ᵉʳ corps d'armée, pris de la même manière à Krasnoï le 17 novembre (nous avons parlé de ce fait dans nos observations sur les luttes de Krasnoï, fait qui se passa sous nos yeux, le 85ᵉ de ligne, auquel nous appartenions, faisant avec le 33ᵉ l'extrême arrière-garde du 1ᵉʳ corps); ces deux événements, disons-nous, étant les seuls de cette nature dont les Russes puissent se glorifier dans cette mémorable campagne de 1812, nous avons cru nécessaire de présenter sur cet épisode de la division Partouneaux, toutes les observations qu'on vient de lire, comme il nous semble nécessaire de réfuter ce que M. Thiers en a dit. Ici encore, nous hésitons, car il répète trop souvent « qu'il rapporte les faits d'après les renseignements les plus certains ou d'après des documents authentiques, » pour que, de ces affirmations aussi positives, il ne naisse pas une appréhension d'aborder l'examen de sujets sur lesquels on doit croire n'avoir rien à répondre, et de combattre des appréciations présentées avec le plus rare talent. Mais dans la question de la division Partouneaux, il ne doit plus en être de même, puisque son général a publié la relation du malheur dont il fut accablé. Tout ce qu'elle renferme de renseignements incontestables diffère grandement de ce que contient la relation de M. Thiers, tome XVI, pages 619, 620, 621 et 622. Le lecteur pourra en juger par les détails que nous présentons, et dans lesquels, afin de bien établir cette différence, nous sommes obligé de faire entrer une grande partie des explications du général Partouneaux, que nous avons déjà transcrites. Nous aurions voulu éviter ces répétitions, mais l'importance de l'événement s'y oppose.

On lit page 619 :

« L'infortunée division française Partouneaux, la meilleure des trois de Victor, avait reçu l'ordre de Napoléon de se tenir encore toute la journée du **27** devant Borisow, afin d'y contenir et d'y tromper Tschichagof. Dans cette position, elle était séparée du gros de son corps, qui était concentré autour de Studianka, par **12** kilomètres de bois et de marécages. Il était donc à craindre qu'elle ne fût coupée par l'arrivée des troupes de Platoff, de Miloradowitch et de Yermoloff, qui nous avaient suivis sur la grande route d'Orcha à Borisow. Cette triste circonstance, si facile à prévoir, s'était en effet réalisée, et l'avant-garde de Miloradowitch, opérant sur la route d'Orcha sa jonction avec Wittgenstein, s'était interposée entre la division Parthouneaux, consignée à Borisow, et les deux divisions de Victor chargées de couvrir Studianka. »

Ainsi, d'après M. Thiers, il est évident que c'est l'avant-garde de Miloradowitch, qui, faisant sa jonction avec Wittgenstein, aurait barré la route en s'interposant entre la division Partouneaux et les deux autres divisions du maréchal Victor, tandis que rien de semblable n'eut lieu. C'est une partie de l'armée de Wittgenstein, sous les ordres du général Steingell, avec **60** pièces de canon, qui, à Staroï-Borisow, étai à cheval sur la route. Le reste de l'armée de Witt genstein occupait les hauteurs sur la droite de cette même route. Telle est la version du général Partouneaux, lequel ne dit pas un seul mot de cette jonction de l'avant-garde de Miloradowitch avec Wittgenstein, ce dont il aurait bien certainement parlé si elle s'était exécutée comme l'indique M. Thiers. D'ailleurs, quelle route aurait donc prise cette avant-garde pour effectuer sa réunion, puisque la seule qui le lui permît était parcourue par la division Partouneaux, derrière laquelle venaient à une assez grande distance Platoff et Yermoloff? La version du général Partouneaux démontre en outre que ce n'est qu'après son départ de Borisow qu'il fut serré par l'avant-garde de Platoff avec de l'artillerie légère. Quant à Platoff et à Yermoloff, ils n'arrivèrent, suivis de leurs troupes, qu'à dix heures du soir à Borisow. Le colonel Boutourlin le dit, tome II, page 374, comme il dit, page 373, « que c'est contre les troupes seules de Wittgenstein que la division Partouneaux eut à lutter ; il donne le détail de ces troupes et la manière dont elles s'établirent sur la route, à Staroï-Borisow, perpendiculairement à la Bérézina, faisant face à Borisow.

Page 620 :

« A l'instant où le général Partouneaux se sentait assailli sur la route d'Orcha, il se vit tout à coup attaqué d'un autre côté par les troupes de Tschichagof, qui essayaient de passer la Bérézina sur les débris du pont de Borisow. Aux immenses périls dont il était menacé, se joignait l'affreux embarras de plusieurs milliers de traînards, qui, dans la croyance d'un passage au-dessous de Borisow, s'y étaient accumulés avec leurs bagages, et attendaient vainement la construction d'un pont qu'on ne jetait pas. Pour mieux tromper l'ennemi, on les avait trompés eux-mêmes, et ils allaient être sacrifiés, avec la division Partouneaux, à la terrible nécessité d'abuser Tchichagof. Le général Partouneaux résolut de se faire jour, et sortant de Borisow, la gauche à la Bérézina, la droite sur les coteaux de Staroï-Borisow, il essaya de remonter à travers le dédale des bois et des marécages glacés qui le séparaient de Studianka. Formé sur autant de colonnes que de brigades, il s'avança, tête baissée, décidé à s'ouvrir un chemin ou à périr. Il avait 4 000 hommes pour résister à 40 000. »

Nous admettrions que les faits qu'on vient de lire se sont passés ainsi que l'indique M. Thiers; mais le récit du général Partouneaux démontre le contraire. Que dit-il?

1° Qu'arrivé à Borisow, le général Partouneaux laissa sur la route d'Orcha son artillerie, les brigades Blamont et Billard, envoya dans Borisow la brigade Camus pour y rétablir l'ordre et observer Tschichagof.

Donc le général Partouneaux n'était point assailli sur la route d'Orcha, ni attaqué par les troupes de Tschichagof; ce qui le confirme, c'est qu'il était décidé à à exécuter l'ordre de passer la nuit à Borisow, que venait de lui apporter le colonel d'Ambrugeac. Il faisait même ses dispositions en conséquence, lorsqu'il entendit le canon sur la route qui le séparait de la grande armée, et qu'il vit refluer sur lui, par cette même route, dans un grand désordre, la colonne des bagages et des traînards, ce qui le décida à faire sa retraite. Il rentra alors à Borisow, où il trouva des troupes de Tschichagof, qui, passant sur les débris du pont détruit le 23, s'y étaient tranquillement établies par suite de l'évacuation, sans ordre, qu'en avait faite la brigade Camus pour se porter au-delà de Borisow sur la route de Wésélowo. La brigade Billard tomba sur les Russes, les refoula vers le pont et les força de repasser la rivière.

2° Qu'il s'avançait sur la route de Studianka, la brigade Camus en tête, puis la brigade Billard et enfin la brigade Blamont; toutes en colonne et à une certaine distance les unes derrière les autres. Il n'essaya donc pas de remonter à travers les bois et les marécages qui le séparaient de Studianka, de même qu'il n'était pas sur autant de colonnes qu'il y avait de brigades, c'est-à-dire, suivant M. Thiers, si nous ne nous trompons,

marchant en colonne et toutes les trois en ligne de
bataille, ce que semble indiquer cette phrase : « Le général Partonneaux sortit de Borisow la gauche à la
Bérézina, la droite sur les coteaux de Studianka. »

Quant à ce que dit l'historien sur les traînards
qu'on avait trompés pour mieux tromper l'ennemi,
et qui allaient être sacrifiés avec la division Partouneaux, on ne peut pourtant accepter cette observation, parce que nous ne croyons pas qu'on se soit
servi d'un semblable moyen à l'égard de cette multitude, ni qu'on ait songé un seul instant à tirer parti
d'elle pour tromper l'ennemi. On fit, il est vrai, des démonstrations de passage à Borisow et au-dessous; démonstrations toutes naturelles, mais qui pourtant ne
devaient pas abuser complétement les traînards,
puisque les corps d'armée n'en filaient pas moins sur
Studianka. Seulement, à Borisow, comme chaque jour
cela avait eu lieu partout ailleurs, dès que la nuit
s'approchait, ces masses de traînards, de bagages,
s'arrêtaient à une certaine distance en avant de l'arrière-garde, et, autant que possible, là où il y avait des
maisons ou des arbres, et s'y établissaient pour y
passer la nuit. Le lendemain, lorsque l'arrière-garde
s'avançait, elle trouvait sur sa route les bivouacs de
ces traînards qu'elle ne pouvait leur faire abandonner
u'avec des peines inouïes; souvent même, il fallait

employer la violence dans tout ce qu'elle a de plùs
brutal, laquelle ne réussissait pas toujours ; il n'y avait
alors que l'approche des cosaques qui décidait ces
malheureux à sortir de leur inertie et à se mettre en
marche. Ainsi, à Borisow, il n'est pas surprenant qu'il
y en eût un grand nombre, non point parce qu'on les
avait trompés en leur donnant l'espoir d'y passer la
Bérézina, mais parce qu'il y avait des maisons où les
plus apathiques, ceux qui n'avaient plus de sang gaulois dans les veines, espéraient passer la nuit à l'abri
de l'intempérie de la saison. Mais ce qui démontre
d'une manière incontestable qu'on n'avait aucunement
songé à tromper tous ces traînards, c'est que les moins
démoralisés étaient en route pour Studianka bien
avant que la division Partouneaux eût quitté Borisow.
Ce furent ces traînards qui, arrêtés à Staroï-Borisow
par les troupes de Wittgenstein, revinrent sur leurs
pas dans le plus grand désordre et apprirent au général Partouneaux qu'il était coupé.

Il ressort de ces faits divers la preuve pour nous,
comme, nous croyons, pour les militaires qui ont fait
partie des arrière-gardes dans la campagne de Russie,
qu'à Borisow, il n'y eut ni trompeurs ni trompés, ni
sacrifiés. Il y eut ce qui se présenta chacun des derniers jours de cette même retraite, et ce qui se présenta au passage de la Bérézina sous un aspect plus

douloureux et plus terrible encore, des hommes tellement démoralisés que tous les efforts pour les décider à passer les ponts restaient sans résultat.

M. Thiers en est grandement convenu, pages 612 et 635; dès lors il aurait dû penser que les traînards de Borisow n'étaient pas d'une autre nature que ceux de la Bérézina, et qu'on pouvait se dispenser de les tromper pour abuser Tschichagof. Leur apathie était trop grande pour qu'il fût nécessaire d'employer un moyen aussi odieux.

Pages 621 et 622 :

« Les trois brigades, suivies de la cohue épouvantée, firent d'abord quelques progrès; mais assaillies de front par toute l'artillerie russe qui était sur les hauteurs, assaillies en queue par une innombrable cavalerie, elles furent horriblement maltraitées. Le général Partouneaux, qui marchait avec la brigade de droite, la plus menacée, voulut se dégager, prit trop à droite, ne tarda pas à être séparé des deux autres brigades, fut enveloppé et presque détruit. Il ne céda point cependant, refusa de se rendre malgré plusieurs sommations, et continua de combattre. Ses deux brigades de gauche, isolées de lui, suivirent son exemple, sans avoir reçu ses ordres. L'ennemi, épuisé lui-même, suspendit son feu vers minuit, certain de prendre jusqu'au dernier homme cette poignée de braves qui s'obstinaient héroïquement à se faire égorger. A la pointe du jour, 28 au matin, les généraux russes sommèrent de nouveau le général Partouneaux, resté debout sur la neige avec 4 à 500 hommes de sa brigade, lui montrèrent qu'il était sans ressources, réduit à faire tuer inutilement les quelques soldats qu'il avait encore auprès de lui, et le désespoir dans l'âme il se rendit ou plutôt il fut pris. Les deux autres brigades, auxquelles on alla porter cette nouvelle, mirent bas les armes, et les Russes firent 2 000 prisonniers, dernier reste de 4 000 hommes. »

Peut-on admettre que ces faits divers se sont passés ainsi que l'a écrit M. Thiers? Non, cela n'est point possible, parce que les explications du général Partouneaux s'y opposent, et elles démontrent que l'historien ne s'est point servi de ce document, puisque sa version s'en écarte beaucoup. Pourquoi cette différence? On ne peut la comprendre; aussi on s'en étonne, et le lecteur pensera sans doute de même quand il saura, d'après le récit du général Partouneaux :

1° Que les trois brigades s'avancèrent d'abord tranquillement sur la route de Studianka dans l'ordre en colonne que nous avons indiqué. C'est à 6 kilomètres de Borisow que l'on trouva l'ennemi. La brigade Camus l'aborda franchement et le combat s'engagea avec vivacité. Néanmoins, malgré les plus grands efforts, elle ne put déposter les Russes et fut forcée de devenir stationnaire. Pendant cette lutte, la division n'était pas assaillie en queue par une innombrable cavalerie, puisque le général Blamont, qui marchait le troisième avec sa brigade, n'en parle pas dans son rapport, et que le général de cavalerie Delaitre, dont un de ses deux régiments marchait avec la première brigade et l'autre sur les flancs et derrière la troisième, n'en dit pas davantage dans le sien. Il convient même que son rôle fut presque passif. Mais ce qui vient corroborer ces preuves, c'est que plus tard, vers dix heures du soir, les deux brigades Camus et Blamont n'ayant pu renverser l'ennemi qui était devant elles, revinrent près de Borisow prendre la position sur la hauteur que la brigade Camus avait occupée avant de commencer la retraite, ce qu'elles n'auraient certainement pu faire, si une cavalerie innombrable s'était trouvée derrière la division au moment où elle s'avançait vers Studianka.

2° Que le général Partouneaux ne marchait pas avec la brigade de droite, mais avec la brigade Billard, à une certaine distance derrière la brigade Camus; donc il n'avait pas pris trop à droite pour se dégager, et ne fut point séparé involontairement de ses deux autres brigades, enveloppé et presque détruit. Ainsi que nous l'avons déjà dit, c'est la brigade Camus seule qui entra en action, et c'est dans le moment où elle était aux prises avec l'ennemi que vint, par la tête de la colonne, un parlementaire sommer le général Partouneaux de se rendre au général Wittgenstein. Le général répondit : « Je ne veux pas me rendre ; je ne puis vous renvoyer dans ce moment ; vous serez témoin de nos efforts pour nous ouvrir le passage. » Le combat fut alors continué par la brigade Camus et non par les deux brigades de gauche qui, n'étant pas dans cette position, ne pouvaient être isolées de lui. C'est plus tard que la brigade Blamont se réunit sur la route à la brigade Camus.

3° L'ennemi ne suspendit point son feu vers minuit parce qu'il était épuisé, et ce n'est pas à la pointe du jour que les généraux russes sommèrent de nouveau le général Partouneaux, resté debout sur la neige, et qu'il fut pris. Le général Partouneaux dit au contraire : « que le combat continuant après la réception du parlementaire, c'est alors que le général Camus le fit prévenir par son aide de camp que le pont de Studianka était en feu (ce général s'était trompé, c'était une ferme qui brûlait). Ce rapport mit le comble à leurs maux, mais le général Partouneaux résolut de s'échapper. En conséquence il renvoya l'aide de camp à son général pour lui ordonner de chercher, à la faveur de la nuit, à passer la Bérézina, soit en la remontant, soit en la descendant, à gué ou à la nage; il le faisait prévenir en même temps qu'il allait se diriger sur la droite, à la tête de la brigade Billard. Il gravit alors la montagne où bientôt il rencontra l'ennemi, le prenant dans l'obscurité pour les troupes du général Blamont, que d'après ses ordres il devait trouver dans cette direction (ainsi que nous l'avons expliqué, cette brigade n'avait point reçu l'ordre, elle avait été rejoindre la brigade Camus). Le général Partouneaux ordonna de ne point tirer. Se trouvant face à face avec l'ennemi, il le traversa sans brûler une amorce et continua à marcher en silence. Après avoir erré plusieurs heures sur des marais, des lacs, à travers les bois; suivi, harcelé par des cosaques qui avaient découvert sa marche; entouré de toutes parts des feux de l'ennemi; exténué de faim, de fatigue et de froid, il déposa les armes vers neuf heures du soir. »

« Quant à la brigade Camus, qui avait été rejointe par la brigade Blamont, lorsqu'elle reçut l'ordre du général Partouneaux de tenter, soit à gué ou à la nage, le passage de la Bérézina, son général fit ses dispositions pour l'exécution de cet ordre; « mais il ne put réussir; partout il trouva des colonnes ennemies bien supérieures, avec lesquelles il combattit pendant trois heures. Comme il fallait sortir de l'entonnoir où il était, après s'être consulté avec le général Blamont, il fit, toujours sous la fusillade de l'ennemi, un mouvement rétrograde pour gagner le plateau près de Borisow. Arrivé sur les hauteurs, et à peine s'y était-il établi, que de la cavalerie, qui paraissait sortir de Borisow, se présenta devant lui. On la reçut à coups de fusil, l'ennemi riposta avec l'artillerie chargée à mitraille. Ce combat dura une demi-heure, et ensuite l'ennemi se retira hors de la portée du fusil et les deux brigades restèrent toute la nuit sous les armes. Vers les dix heures du soir, un officier du 126ᵉ de ligne, brigade Billard, fait prisonnier et envoyé par le général Wittgenstein, vint dire aux généraux Camus et Blamont que le général Partouneaux, son état-major, la brigade Billard étaient faits prisonniers, et qu'il était envoyé auprès d'eux par le général Wittgenstein pour les prévenir qu'ils étaient aussi ses prisonniers, ajoutant que le général russe permettait d'envoyer auprès de lui un officier pour connaître les forces auxquelles ils avaient affaire. Cela fut exécuté. On chargea le chef de bataillon Landevoisin de cette mission, avec ordre de ne revenir que le lendemain au jour, et c'est à huit heures et demie que cet officier rentra. Sur son rapport, les deux brigades, qui étaient entourées par de nombreux ennemis, déposèrent les armes. »

Comme on l'aura remarqué, il est impossible de

vouloir que le récit de M. Thiers s'accorde avec les explications du général Partouneaux, dont on ne peut mettre en doute la véracité, puisqu'indépendamment de la position et du caractère du général, elles s'appuient sur beaucoup de pièces justificatives, signées par le lieutenant général d'Ambrugeac, les généraux de brigade Camus, Blamont, Billard et Delaitre; par le colonel Dumoulin, 126ᵉ de ligne; par le chef de bataillon d'artillerie Sibille; par les chefs de bataillon d'infanterie Florquin, du 10ᵉ d'infanterie légère, Manneville du 44ᵉ de ligne, Joyeux du 55ᵉ de ligne. Il y a donc dans toutes ces pièces assez de preuves pour expliquer l'étonnement qu'on doit éprouver de voir que M. Thiers, n'en tenant aucun compte, a présenté, sur la catastrophe de la division Partouneaux, un historique qui ne ressemble aucunement à celui du général qui la commandait; historique dans lequel on trouve ces mots, page 622 :

« L'ordre donné à la division Partouneaux de rester à Borisow était une précaution inutile et par conséquent barbare; tandis que le général Partouneaux, celui qui était la victime de cette précaution inutile et barbare, reconnaît et dit dans ses explications, que l'ordre de rester à Borisow était conséquent et militaire. »

C'est dans cette même nuit du 27 au 28. si funeste à la division Partouneaux, que Wittgenstein, Platoff, Yermoloff, et Tschichagof qui avait fait jeter un pont de bateaux sur la Bérézina dès que la division française avait quitté Borisow, s'y réunirent et résolurent de porter le **28**, à l'armée française, un coup décisif et simultané sur les deux rives. Cette résolution allait donc la mettre aux prises avec des forces tellement supérieures, que les généraux russes purent espérer de l'anéantir complétement. En effet, ce qu'ils savaient de sa triste situation, la masse énorme de leurs soldats qu'on allait exalter par la nouvelle de la prise de la division Partouneaux, devaient leur donner cet espoir, dont la réalisation eût été possible, si les débris de cette malheureuse armée n'avaient pas été au moral si vigoureusement trempés. Malgré leurs souffrances de toutes les espèces et de tous les instants, ils donnèrent la preuve de ce que pouvaient encore les soldats de la grande armée.

Les explications suivantes doivent le dire et le dire bien haut.

Le **28**, au jour, huit heures du matin, l'amiral Tschichagof, qui s'était porté dans la nuit vers Stakow avec toutes ses forces s'élevant à plus de **20 000** hommes d'infanterie et **12 000** chevaux, attaqua le maréchal Oudinot, soutenu par le maréchal Ney, lesquels n'ayant à lui opposer que **8** à **9000** soldats dont **1200** cavaliers défendaient la position entre Brilowa et Stakow, à **6** kilomètres des ponts. Derrière eux était la garde impériale, prête à leur venir en aide.

Le combat s'étant engagé avec vigueur en avant de Stakow, il était facile de voir, aux efforts réitérés des Russes, l'importance que Tschichagof attachait à refouler ses adversaires jusqu'aux ponts. Non-seulement tous ces efforts restèrent impuissants, mais encore les Russes furent repoussés jusqu'à Stakow. C'est dans ce moment que le maréchal Oudinot ayant été blessé, le maréchal Ney prit le commandement général. Déployant dans la continuation de cette lutte, dont l'insuccès pouvait avoir de funestes conséquences pour l'armée française, cette énergie dont il était si grandement doué dès que le canon se faisait entendre et que la crise était imminente, il sut, par son courage et ses bonnes dispositions, contenir et déjouer toutes les tentatives fréquemment renouvelées de Tschichagof, tentatives où sa force numérique lui permettait d'employer jusqu'à deux divisions à la fois de troupes fraîches, aguerries, l'élite de l'armée de Moldavie (cette armée avait fait plusieurs campagnes contre les Turcs) qui s'élançant dans les bois, croyaient en chasser leurs adversaires. Mais là, une résistance opiniâtre les empêchait de reconquérir le terrain que Tschichagof avait perdu. Cette lutte de plusieurs heures, d'une poignée d'hommes contre les masses considérables, lutte dont l'issue ne fut jamais incertaine, puisque la garde impériale ne changea point de position et que les corps du prince Eugène et du maréchal Davout purent filer sur Zembin, fut, avant la fin de la journée, couronnée par un beau succès dû à la cavalerie du général Doumerc. Sur l'ordre du maréchal Ney, ce général profitant d'un moment heureux, lança sur les deux vieilles divisions de l'armée de Moldavie, formées en carré, le 7e de cuirassiers, commandé par le colonel Dubois (500 hommes au plus). Se précipiter tête baissée sur le carré, y pénétrer malgré une terrible fusillade, y faire un épouvantable carnage et ramener près de 3000 prisonniers, telle fut l'admirable conduite de ce régiment.

Le colonel Boutourlin (t. II, p. 377) convient que « cette charge, faite avec résolution, jeta le désordre dans les deux divisions du général Sabanief ; désordre qui aurait pu avoir les plus funestestes conséquences, si deux escadrons de hussards n'eussent exécuté une charge qui renversa les escadrons victorieux. »

Le colonel Boutourlin se trompe grandement, car le général Doumerc, pour soutenir au besoin cette charge hardie, avait pris de telles mesures avec le reste de sa division (700 cavaliers), qu'elle eut tout le succès désiré. Du reste on ne peut admettre que si les deux escadrons de hussards avaient renversé les cuirassiers, ces derniers n'auraient certainement pas ramené 3000 prisonniers, dont l'historien russe ne parle pas, et pourtant ils furent faits, puisque le lendemain ils devinrent un embarras pour les troupes chargées de les garder. Si ce beau fait d'armes n'avait pas été complet, l'Empereur l'aurait-il donc inscrit à jamais dans nos annales militaires par ce décret tout spécial?

« Napoléon, empereur des Français, etc. »

« Pour reconnaître la conduite distinguée qu'ont tenu le colonel Dubois et le 7e de cuirassiers à la bataille de la Bérézina, en chargeant sur un carré de

7000 Russes et lui faisant mettre bas les armes, décré-
tons ce qui suit :

Art. Iᵉʳ. Le colonel Dubois est nommé général de
brigade.

Art. II. Le Ministre de la guerre est chargé de
l'exécution, etc. »

Quoi qu'il en soit, et malgré l'assertion du colonel
Boutourlin, la charge des cuirassiers, en outre de la
perte qu'elle causa aux Russes, eut pour résultat de
paralyser complétement leur action, puisque leurs
nombreuses masses ne purent dépasser Stakow, d'où
même elles ne bougèrent pas le lendemain, 29. Fait
bien significatif, qui prouve l'importance de leurs pertes
et la crainte qu'ils eurent, s'ils recommençaient l'attaque le 29, de trouver une résistance aussi belle que
celle du 28.

Pendant que ce drame sanglant et glorieux pour les
troupes des maréchaux Oudinot et Ney, se passait sur
la rive droite de la Bérézina, un autre plus terrible et
peut-être plus glorieux encore avait lieu sur la rive
gauche où les 4 à 5000 fantassins et 3 à 400 cavaliers du maréchal Victor [1] luttèrent toute la journée

---

1. Nous croyons que M. Thiers s'est trompé pages 627 et 631,
en portant les troupes du maréchal Victor à 7 à 8000 fantassins
et à 7 à 800 chevaux. C'était la force du 9ᵉ corps lorsqu'il arriva
devant Borisow, où il laissa la division Partouneaux, qui avait
3200 fantassins et 400 chevaux. Ainsi à Studianka, les troupes
du maréchal Victor n'étaient réellement que de 4500 fantassins
et 300 chevaux. Le général de Chambray, tome III, page 51, affirme
que ces chiffres s'écartent peu de la vérité.

avec un courage d'autant plus héroïque, qu'ayant une rivière à dos, dont les ponts étaient obstrués, mais qu'il fallait défendre à tout prix, afin de donner le temps de la passer à ces milliers de traînards, de voitures, de chevaux qui encombraient les abords à une grande distance (environ 1000 mètres le long de la rivière et plus de 200 mètres de profondeur) ils avaient à résister à 30 000 Russes ayant une formidable artillerie.

Attaqué vers les neuf heures du matin, le maréchal Victor, que, sur l'ordre de l'Empereur, la division Daendels était venue rejoindre avant le jour, couvrait avec cette division, la division Girard et la division de cavalerie Fournier (près de 5000 hommes), les hauteurs qui entourent Studianka (5 à 6 kilomètres). Non-seulement le maréchal défendit vigoureusement cette position, mais encore il prit l'offensive et parvint même un moment à percer le centre de la ligne ennemie. Le colonel Boutourdin en convient (t. II, p. 381). Ce succès, tout brillant qu'il était dans cette circonstance, ne put néanmoins arrêter l'action des Russes, ni les empêcher d'établir sur une hauteur une forte batterie, d'où elle foudroya et jeta l'épouvante ainsi que la mort dans la masse énorme des non-combattants qui encombraient les approches des ponts. Là se passèrent des scènes horribles, qu'il est impossible de rendre, dont pourtant nous pouvons parler puisque notre existence y fut gravement compromise (le 85ᵉ de ligne auquel nous appartenions approchait

des ponts au moment où commença la canonnade), des
scènes telles, que nous nous sommes souvent demandé
et que nous nous demandons encore, 54 ans après cet
événement, si nous y avons réellement figuré, tant il
dépasse tout ce qu'on peut imaginer. Ceux qui n'y ont
pas été acteurs ne pourront jamais s'en faire une idée.
Aussi, en entendant les cris déchirants de cette multitude, en voyant les ravages affreux que faisaient les
projectiles de l'ennemi dans cette masse compacte
d'hommes, de chevaux et de voitures (nos troupes
étaient assez près pour tout entendre et tout voir), on
pouvait craindre que la résistance de ces mêmes troupes
ne se ressentît du terrible et douloureux spectacle
qu'elles avaient sous les yeux ; mais loin de là, leur
courage en sembla grandir, et redoublant d'énergie
elles arrêtèrent tous les efforts des Russes pour arriver
aux ponts, et les forcèrent d'éloigner les pièces qui
en battaient les abords. La nuit mit fin à cette lutte
acharnée, et pas un coup de canon, pas un coup de
fusil ne fut plus tiré de part et d'autre.

Pendant que les Russes s'établissaient au bivouac
dans leurs positions, les Français restaient sous les
armes attendant le moment d'effectuer leur retraite,
et lorsque le maréchal Victor eut pris ses dispositions
pour exécuter ce mouvement, et que le général Eblé
fut parvenu, pour débarrasser les approches des ponts,
à faire pratiquer par les pontonniers une espèce de
tranchée à travers la masse de cadavres d'hommes,

de chevaux et de voitures brisées, le 9ᵉ corps d'armée commença à franchir la Bérézina à 9 heures du soir. Le 29, à 1 heure du matin, il était avec toute son artillerie sur la rive droite; ses postes avancés restèrent seuls sur la rive gauche. Ce passage terminé, les ponts devinrent libres sans que la masse de non-combattants profitât de cette facilité; et pourtant rien ne fut épargné auprès d'eux pour qu'ils traversassent la rivière. Ni prières, ni menaces, ni le feu qu'à 5 heures du matin le général Eblé donna l'ordre de mettre à plusieurs voitures pour forcer tous ces hommes à partir, rien ne les fit sortir de l'état de torpeur dans laquelle le plus grand nombre de ces malheureux étaient tombés, et ce fut seulement à 6 heures du matin, quand l'arrière-garde du maréchal Victor se retira, que, certains alors qu'on allait détruire les moyens de communication d'une rive à l'autre, ils se précipitèrent vers les ponts, y augmentèrent l'encombrement et recommencèrent avec fureur et d'une manière plus terrible encore les épouvantables scènes de la veille.

Le général Éblé, qui avait l'ordre formel de détruire les ponts à sept heures du matin, prit sur lui d'attendre le plus longtemps possible de commencer son opération, pour l'exécution de laquelle il avait tout fait préparer depuis plusieurs heures, et ce ne fut point sans un profond sentiment de douleur, et lorsqu'il n'y avait plus un moment à perdre, qu'à huit heures et demie il ordonna d'y mettre le feu, fermant ainsi le passage à cette foule indifférente, obstinée (près de 5000 personnes), restée sourde pendant toute la nuit à ses instantes sollicitations, à celles du maréchal Victor. Vers neuf heures elle devint la proie des Cosaques, ainsi que toutes les voitures abandonnées, y compris trois canons et quelques caissons.

Tel fut le passage de la Bérézina, où chefs et soldats se montrèrent aussi admirables les uns que les autres; passage duquel on peut dire, malgré la perte de la division Partouneaux, que c'est une des plus belles pages de notre histoire militaire. En effet, qu'on examine avec impartialité tout ce qui se rattache à cet événement mémorable, qu'y voit-on? Sur la rive droite de la Bérézina, les maréchaux Oudinot et Ney avec leurs 8 à 9000 soldats, résistant d'abord et attaquant ensuite les 20 000 fantassins et les 12 000 cavaliers de l'amiral Tschichagof, le contenant dans sa position où il a été repoussé et d'où il ne lui est plus permis de bouger. S'il fait un pas en avant, il est aussitôt forcé de rétrograder; et cependant cette lutte dure depuis huit heures du matin jusqu'à la nuit (quatre heures du soir), sans donner la moindre crainte sur le sort des plus faibles numériquement. Ils montrent par la ténacité de leur défense ou la vigueur de leurs attaques, qu'ils seront victorieux. Ils le furent noblement, puisque sans éprouver d'autre pertes que les blessés et les tués, ils paralysèrent tous les efforts de leurs adversaires, qui perdirent beaucoup de monde et eurent près de 3000 hommes faits prisonniers par suite d'une des plus belles charges de nos cuirassiers, si riches en faits de la même nature.

Que voit-on encore dans ce passage?

Sur la rive droite, le maréchal Victor réparant ou du moins atténuant, par une héroïque défense, les grandes fautes qu'il a commises à Tschachniki le 31 octobre, à Smoliany le 14 novembre et ses fausses manœuvres des jours qui précédèrent le passage de la Bérézina.

Adossé à une rivière, avec moins de 5000 hommes, il soutient, jusqu'à la fin de la journée, la lutte contre les 30 000 combattants de Wittgenstein. S'il est obligé de se concentrer près des ponts, il ne le fait qu'après avoir, par une attaque vigoureuse, percé le centre de l'ennemi. Si ce dernier parvient à établir une batterie qui cause de grands ravages dans les abords des ponts, le maréchal Victor ne lui laisse pas longtemps cet avantage, il le force, par une nouvelle attaque, de retirer ses pièces et renoncer à prendre l'offensive. Attaques ou défenses qui prouvent aux Russes, que si, par leur grand nombre et leur formidable artillerie, ils peuvent faire beaucoup de mal au maréchal, ils ne lui enlèveront pas du moins la position de Studianka qu'il défend en avant des ponts ; position d'où on ne le chassera pas et où il gagnera la bataille, car dans sa situation, pour lui, ne pas reculer c'est une victoire ; victoire qui lui appartient puisqu'il reste maître de tous ses mouvements, comme le maréchal Ney est resté maître des siens sur la rive droite. Et cependant, dans quelle situation étaient tous ces hommes héroïques de la Bérézina pour se défendre ou attaquer avec tant d'énergie?

Ils étaient exténués par la faim, le froid, les marches, les bivouacs et la misère dans toute sa laideur.

Ils étaient à une distance immense de leur patrie, que beaucoup d'entre eux n'espéraient plus revoir.

Ils étaient continuellement au milieu des spectacles déchirants, bien faits pour décourager les plus vigoureusement trempés.

Ils étaient entourés d'ennemis cinq fois plus nombreux en infanterie, artillerie et cavalerie en très-bon état ; ennemis pourvus de vivres, habitués au climat du pays qu'ils défendaient, exaltés par la prise de la division Partouneaux, car les chefs n'avaient pas oublié de la faire sonner bien haut.

Ils étaient, en un mot, dans la position la plus critique où jamais soldats se soient trouvés, et s'ils en sortirent victorieux, c'est que ceux qui succombèrent, comme ceux qui restèrent debout, étaient des héros !

Maintenant nous croyons que nos observations sur

les luttes de la Bérézina démontreront que le général Okouneff s'est singulièrement trompé, ainsi que nous l'avons déjà dit, en écrivant, page 195 : *L'armée russe triomphante s'apprêtait à combler l'excès des maux de l'armée française dans les défilés de Borisow ;* comme nous croyons encore qu'il s'est trompé en portant, page 205, le chiffre de ses pertes à 25 pièces de canon et 28 000 hommes tués, prisonniers et noyés.

Les Russes ne prirent, dans la nuit du 27 au 28, que les trois pièces de la divion Partouneaux ; puis, le 29, ils en trouvèrent trois autres abandonnées près des ponts, par suite de l'impossibilité où l'on se trouva de les faire passer, tant l'encombrement était considérable. Ainsi, ce n'est donc véritablement que trois pièces de canon qu'ils prirent, car on ne considérera jamais comme une conquête glorieuse celles qui étaient abandonnées. Quant aux pertes en hommes, elles ne s'élevèrent pas à plus de 14 à 15 000 tués, blessés ou prisonniers. Dans ces derniers il faut comprendre les 2000 hommes de la division Partouneaux et 8 à 9000 traînards, ce qui porte le chiffre des tués et blessés, sur l'une et l'autre rive, à 6000 hommes environ.

D'un autre côté, si le général Okouneff a signalé nos pertes, en les exagérant, il n'a pas dit un seul mot sur celles de l'armée russe qui s'élevèrent, dans cette journée du 28, à 10 à 12 000 hommes tués et blessés, sans parler des 3000 prisonniers faits par le général Doumerc, sur la rive droite..

En signalant les erreurs de l'historien russe, nous ne songeons point à diminuer les pertes de l'armée française, lesquelles furent énormes en raison de sa faiblesse numérique ; nous avons voulu seulement établir qu'il ne faut pas comprendre dans la même catégorie la perte de tout ce qui n'est pas défendu ou ne se défend pas, tels que canons abandonnés et traînards ; ce sont toujours des pertes, sans nul doute, mais dont pourtant ne peut se targuer l'armée qui en profite. Il nous semble que le général Okouneff pensait autrement lorsqu'il a écrit, page 205 : « A la Bérézina, les principaux personnages, excepté le géné-« ral Partouneaux, parvinrent à se soustraire au sort « qui paraissait les attendre, et auquel ils n'ont « échappé que par miracle. »

Par miracle ! nous comprendrions ce mot si l'armée française avait été battue. Oh ! alors, il y aurait eu miracle pour les principaux personnages, comme pour leurs soldats, à sortir de la position terrible où ils se seraient trouvés. Dans ce cas, nous ne nous écrierons point : Est-ce que ces personnages n'étaient pas l'empereur Napoléon, le roi Murat, le prince Eugène, les maréchaux Ney, Davout, Oudinot, Victor, Bessières, le major-général prince Berthier et tant d'illustres grnéraux ?

Pourquoi donc, le général Okouneff, qui le savait

aussi bien que nous, s'est-il permis d'insulter ce qui devait être respecté, car c'est insulter les chefs et les soldats d'une armée que d'attribuer leur salut à une cause miraculeuse, quand il fut, au contraire, le résultat de leurs bonnes dispositions et d'un courage surhumain?

Pourquoi donc encore le général Okouneff, qui, dans tout son ouvrage n'a pas écrit un seul mot de louange pour le plus élevé de ces personnages, ce que n'a point fait le colonel Boutourlin, garde-t-il le silence le plus complet sur les fautes commises par le maréchal Koutousoff et le général Wittgenstein, lors du passage de la Bérézina? En raison de leur gravité elles méritaient pourtant d'être signalées, comme les a signalées le colonel Boutourlin. Le seul des généraux Russes, au contraire, sur lequel le général Okouneff a trouvé beaucoup à dire, c'est sur l'amiral Tschichagof, qu'il n'a certes pas ménagé, Nous croyons avoir établi, dans nos précédentes observations, que les reproches de l'historien sont en grande partie injustes, et que si l'on peu blâmer les opérations de l'amiral, ce ne sont pas du moins celles des 24, 25 et 26 novembre, mais la lenteur qu'il mit dans ses mouvements, lorsque le 27 il fut revenu à Borisow, d'où il s'était éloigné le 25 sur l'ordre du maréchal Koutousoff. Arrivé dans cette position et certain que l'armée française passait la Bérézina à

Studianka, il devait aussitôt marcher sur Stakow pour se joindre au général Tschaplitz, et attaque vers Brilowa, avec toutes ses forces réunies, le maréchal Oudinot, qui, n'étant pas encore soutenu par le maréchal Ney et la garde impériale, n'aurait pu résister.

Le **28**, il ne sut pas utiliser ces mêmes forces, puisque pendant toute cette journée ses adversaires arrêtèrent complètement son action.

Le **29**, il ne bougea pas, quand, au contraire, il aurait pu faire beaucoup de mal à ces mêmes adversaires; mais, il faut le dire, parce que c'est la vérité : dès que les généraux russes étaient en présence de l'empereur Napoléon, toutes leurs opérations se ressentaient de ce contact. On aurait dit qu'elles étaient paralysées. De là les fautes qu'ils commirent et dont il est aisé de voir les causes quand examine sérieusement les faits.

Le passage de la Bérézina étant, sous le rapport stratégique, considéré par le géneral Okouneff comme la fin de la campagne, il termine son ouvrage par une violente diatribe contre l'empereur Napoléon, « Qu'il accuse d'avoir sacrifié ses vétérans, avec une fermeté atroce, aux idées d'amour-propre qui germaient dans son cœur, et à son ambition démesurée, etc., etc. »

Nous ne suivrons pas l'historien russe sur le terrain ; toutefois, nous dirons que le général Okouneff, en accusant d'ambition l'empereur Napoléon, oubliait qu'il n'est pas de souverain en Europe qui en ait plus montré que ceux de la Russie. Qu'on examine la carte de cet empire, on verra ce qu'il était en 1684, ce qu'il est aujourd'hui, et ce qu'il serait prochainement devenu si l'empereur Napoléon III n'avait, en 1854, arrêté ses continuels envahissements. Sans la guerre de Crimée, guerre d'une immense portée, on peut être certain qu'avant peu d'années, non-seulement Constantinople, mais encore la Méditerranée, aurait été au pouvoir de la Russie, et comme elle dominait moralement l'Allemagne, elle l'aurait sans nul doute jetée tout entière sur la France, afin, aurait-on dit, d'y étouffer jusqu'au moindre germe de révolution.

Ces faits, que l'empereur Napoléon Ier prévoyait avant sa chute et lorsqu'il était sur le rocher de Sainte-Hélène, se seraient inévitablement accomplis, car Sébastopol, avec ses nombreux vaisseaux, son énorme matériel, ses immenses munitions de toutes les espèces, indiquaient clairement qu'ils n'étaient pas une chimère, et qu'en Russie on a toujours présent à l'esprit le testament de Pierre Ier, où l'on trouve ces mots :

« Approcher le plus possible de Constantinople. Celui qui y régnera sera le vrai maître du monde. »

Où sont aujourd'hui tous ces projets gigantesques? La guerre de Crimée a répondu ; de même qu'elle réfute victorieusement la diatribe du général Okouneff, laquelle fait tache dans ses considérations, et que le colonel Janin a eu tort de transcrire en partie dans son article du *Spectateur Militaire*, tome VIII, pages 344 à 354.

Actuellement, il nous reste à examiner de quelle manière les divers historiens de la campagne de Russie ont apprécié le passage de la Bérézina.

Colonel Boutourlin.

L'impartialité dont cet historien a souvent fait preuve dans son ouvrage se retrouve dans ce qui est relatif aux luttes de la Bérézina. Néanmoins nous pensons qu'il y a quelques passages où l'on peut ne point partager son opinion.

Ainsi il prétend, tome II, page 367, « que le 26, au moment où le maréchal Oudinot venait de passer le pont, le général Tschaplitz n'osa point descendre dans les prairies marécageuses pour l'attaquer, parce qu'elles étaient battues en tout sens par les batteries françaises, et qu'il se borna sagement à se maintenir dans les broussailles au pied des hauteurs de Brilowa. »

Que le général Tschaplitz n'ait point bougé au moment où le maréchal Oudinot passait le pont, on le comprend, les batteries françaises protégeaient ce passage ; mais que le général russe l'ait laissé tranquillement se former et l'attaquer dans sa position, c'est un grave reproche qu'on peut lui adresser, parce qu'avec des forces plus que doubles de celles de son adversaire, aucun de ces mouvements n'aurait dû s'exécuter sans qu'il y mît un obstacle sérieux. Loin d'agir ainsi, il fut, au contraire, rejeté des hauteurs de Brilowa vers Stakow, non par la raison qu'il était plus faible que le maréchal Oudinot, ainsi que l'a dit à tort le colonel Boutourlin, mais parce que l'attaque fut si vigoureuse qu'il ne put y résister. Rejoint à Stakow par la division Palhen, accourue à son secours, il ne réussit pas davantage à forcer le maréchal Oudinot à se retirer, et cependant ses forces venaient de se doubler.

Quant à ce que l'historien russe a écrit des combats de la rive droite et de la rive gauche pendant la journée du 28, tout en avouant qu'ils furent glorieux pour les Français, il prétend, comme le général Okouneff, qu'ils perdirent 25 pièces de canon et eurent 5000 hommes tués sur la rive droite et autant sur la rive gauche, dont une grande partie de ces derniers étaient, selon lui, des traînards. En réfutant le général Okouneff, nous avons prouvé que les Russes ne prirent réellement que les trois pièces de canon de la division Partouneaux. Pour le nombre des hommes tués sur les deux rives, il y a exagération, car ce chiffre ne dépassa pas 2000.

Si nous relevons ces inexactitudes du colonel Boutourlin, nous devons reconnaître que sa narration
est suivie d'un examen impartial de la conduite que
les généraux russes tinrent en cette circonstance, lequel démontre que, tout en cherchant à pallier les
fautes de ces généraux, il n'en fait pas moins ressortir
avec beaucoup de clarté ce qu'elles eurent de grave.
Sous ce rapport, il n'est pas possible d'être plus
consciencieux que l'a été l'historien russe, qui,
guidé par un sentiment d'impartialité qu'on doit hautement louer, n'a pas hésité de terminer cet examen
des fautes des généraux russes, par cet éloge de l'empereur Napoléon, que nous transcrivons en entier,
ne fût-ce que pour faire contraste avec le silence,
sur ce sujet, qu'ont gardé certains historiens. Voici
comment il s'exprime, tome II, pages 404 et 405 :

« L'impartialité que nous avons professée dans tout
le cours de notre ouvrage, ne nous permet pas de
dissimuler que la conduite de l'Empereur des Français, dans cette importante circonstance, est au-dessus de tout éloge. Le danger éminent où il se trouva,
ranima encore une fois son génie militaire, qui, depuis Moskou semblait sommeiller. (Les luttes de
Krasnoï avaient prouvé le contraire.) Investi de tous
côtés, Napoléon ne perd pas la tête : il trompe, par
des démonstrations habiles, les généraux qui lui sont

opposés, et glissant, pour ainsi dire, entre les armées qui s'apprêtent à fondre sur lui, il exécute son passage sur un point choisi, où tout l'avantage du terrain se trouve de son côté. Le mauvais état des ponts, dont il ne dépendait pas de lui d'améliorer la construction, fut l'unique cause qui, en ralantissant l'opération, la rendit si périlleuse. Ainsi les grandes pertes que les Français éprouvèrent ne sauraient être attribuées à Napoléon, et ne devraient être mises que sur le compte des circonstances malheureuses où son armée se trouvait, et qu'il n'était plus en son pouvoir de maîtriser. »

Le général de Chambray.

Il est un de ces historiens dont nous venons de parler. Moins juste que le colonel Boutourlin, au lieu de se rendre comme lui à l'évidence, il n'a vu au contraire dans la plupart des dispositions de l'Empereur, pour préparer et exécuter le passage de la Bérézina, que des dispositions méritant d'êtres blamées. Indépendamment de ce qu'ont d'injuste ses appréciations sur les mouvements qui amenèrent les Français sur la rive droite de la Bérézina, on reconnaît avec peine qu'il n'est presque pas d'occasion dont il ne s'empare pour montrer ce sentiment d'hostilité contre l'Empereur, qu'on remarque si souvent dans son ouvrage, d'un grand mérite assurément, mais où l'on voudrait trouver moins de partialité : ainsi ;

quand, avant d'arriver à Dubrowna, l'Empereur réunit autour de lui l'infanterie de la garde impériale pour la haranguer, lui recommander de rester ce qu'elles avait été jusqu'à ce jour, et de ne pas imiter l'exemple déplorable de ces soldats qui jetaient leurs armes, etc., etc., » le général de Chambray, au lieu de faire ressortir les paroles de l'Empereur, indiquant sa confiance dans ces vieux soldats éprouvés, a écrit, tome II, page 455 :

« Napoléon prononça ce discours d'une voix faible « et mal assurée comme s'il eût été souffrant. On « remarqua que, contre son habitude, il n'avait fait « aucune promesse, sans doute parce qu'il trouva « l'avenir assez effrayant pour qu'on pût difficilement « y ajouter foi. »

Singulière réflexion de l'historien, car ce ne furent certainement pas ces débris de tant de glorieuses batailles qui remarquèrent que l'Empereur ne faisait aucune promesse.

Tome III, page 39. Il dit : « Il semblait impossible que Napoléon réussît dans son entreprise. Ainsi tout faisait présumer que les destinées de cet homme et de son armée allaient se terminer près des rives de la Bérézina, par une épouvantable catastrophe. Cette confiance aveugle dans le succès de tout ce qu'il entreprenait ne put lui fasciner les yeux sur le sort qui le menaçait; il ne pouvait dissimuler son inquiétude. »

Si l'Empereur ne fut pas sans inquiétude sur le résultat des événements qui se préparaient, il est certain, du moins, qu'il ne le fit point paraître. La plupart des historiens en conviennent, et ils ajoutent : « que jamais il ne montra plus de calme qu'en cette circonstance. » De ce nombre il en est un qui a écrit : « Dans la situation la plus périlleuse où se soit jamais trouvé Napoléon, il ne se laissa point abattre par l'imminence du danger. A la Bérézina, il osa le mesurer avec l'œil du génie. etc., » et c'est cependant un *Russe*, le colonel Boutourlin, qui s'exprime ainsi, quand un *Français*, le général de Chambray, écrit tout le contraire.

Tome III, page 41, on lit : « Le 25, à huit heures du matin Napoléon monta à cheval et se dirigea sur Borisow. Pendant ce trajet, il reçut fréquemment des nouvelles de la Bérézina, il mit pied à terre à cinq reprises différentes, et s'arrêtant sur le bord de la route, il regardait passer ces troupes et cette foule de traînards qui les accompagnait. Il dut être livré à de bien cruelles réflexions à la vue du déplorable état de son armée dans des conjonctures si fatales. »

Lorsque l'Empereur se dirigeait sur Borisow, s'il avait vu pour la première fois les troupes et les traînards, qui le 25 passaient sous ses yeux, il aurait sans doute éprouvé l'impression dont parle le général de Chambray, mais nous ferons observer que depuis Krasnoï il voyageait avec ces mêmes troupes et ces mêmes trainards, « qui présentaient un aspect déplorable. La marche de l'armée était silencieuse, et sur les visages pâles, décharnés, noircis par la fumée des bivouacs, défigurés par une longue barbe, régnait la consternation. »

Comme c'est le général de Chambray qui donne ces renseignements, tome III, page 12; comme il place l'Empereur au milieu de cette marche lugubre ; comme il laisse entrevoir plusieurs fois qu'il en fut péniblement impressionné, ce qui devaient être intérieurement et non extérieurement, puisque son visage restait toujours le même; pourquoi donc prétend-il qu'il fut livré à de plus cruelles réflexions le jour de son arrivée à Borisow, puisqu'il convient, page 10 : « quo depuis Orcha, la situation de l'armée s'était améliorée par suite du radoucissement de la température, ce qui rendait les bivouacs plus supportables ; que la famine faisait moins de ravages, parce que le pays offrait quelques ressources. »

Qu'avant Orcha, l'Empereur ait été affecté en voyant le commencement de désorganisation de son armée, on le comprend, mais qu'il en ait été de même quelques jours après, et cela dans un moment où la fata-

lité pesait moins cruellement sur elle, nous ne le
croyons pas. Aussi, nous le disons : dans ces observations du général de Chambray, nous trouvons une
pensée qui domine toutes les autres, et qui indique
un parti pris de toujours présenter l'Empereur sous
un jour peu favorable. C'est par ce motif que nous les
combattons.

Nous passons aux appréciations de l'historien sur la
conduite de l'Empereur pendant la période qui venait
de s'écouler depuis le départ de Krasnoï, et que nous
réfuterons les unes après les autres.

Voici comment il s'exprime, tome III, page 76.

« 1° Dans cette période Napoléon commit des fautes
très-graves. Il ne donna point assez tôt à Victor l'ordre
de se retirer avec la plus grande partie de ses forces
par Baran sur Studianka, pour couvrir ce point de
passage, ce qui aurait pu entraîner sa perte. »

Que le général de Chambray ait écrit à la page 30
du tome III, « que l'Empereur avait envoyé trop trad
l'ordre au maréchal Victor de se retirer par Baran, etc.,
c'était une erreur qu'il n'aurait pas dû commettre,
erreur que nous avons relevée dans nos précédentes
observations. Mais que parmi les fautes qu'il prétend
avoir été commises par l'Empereur à la Bérézina, il
y comprenne celle d'avoir donné trop tard au maréchal
Victor l'ordre en question, ce n'est plus de la bonne

foi, parce qu'il avait sous yeux la preuve la plus complète du contraire, en publiant dans son ouvrage les lettres de l'Empereur, lesquelles, dès le 19 novembre, disaient au maréchal Victor qu'il était nécessaire de prendre une ligne qui le mît plus près de Borisow, de Wilna et d'Orcha que l'armée ennemie. Le 23, elles lui prescrivaient de couper la route de Lopel, du côté de Baran, comme il avait proposé lui-même de le faire. Le 25, elles se plaignaient de ce qu'il avait abandonné, sans ordre, la direction de Studianka, qu'il lui était prescrit de suivre. Il est donc constant que si le maréchal Victor n'exécuta pas les instructions de l'Empereur, ce n'est point parce qu'elles lui parvinrent trop tard, mais parce qu'il jugea plus convenable de ne point s'y conformer.

Tous les historiens qui ont parlé de cet incident sont d'accord pour blâmer le maréchal Victor d'avoir pris une direction opposée à celle qu'il devait suivre. Blâme confirmé par ce qui se passa lorsque, le 29 novembre, le maréchal, après avoir traversé la Bérézina vint voir l'Empereur. Si les premières paroles que lui adressa ce dernier furent de grands éloges pour son admirable défense du 28, elles furent suivies de sévères reproches pour sa conduite des jours précédents.

« 2° Napoléon est très-blâmable d'avoir abandonné

à Oudinot le point du passage et la conduite des opérations qu'il fallait exécuter pour tromper l'ennemi.
On se souvient qu'au début de la campagne il reconnut lui-même le Niémen dans des circonstances beaucoup moins importantes. Une absence de trois à
quatre jours de son armée était sans inconvénient,
elle pouvait d'ailleurs être cachée. »

Dans ce blâme, il n'y pas plus d'équité que dans
le précédent, car l'Empereur n'aurait pu faire autrement que le maréchal Oudinot, qui choisit le point de
passage à Studianka, parce que tout indiquait qu'il
était le plus favorable, et que le général Corbineau,
avec sa brigade de cavalerie légère, y avait passé la
Bérézina à gué. En arrivant à Borisow, le maréchal fit
faire de nombreuses démonstrations au-dessus et au-
dessous de cette ville, afin de tromper l'ennemi ; démonstrations que le lendemain l'Empereur fit continuer plus sérieusement encore.

Si le maréchal Oudinot écrivit le 24, à cinq heures
du soir, qu'il croyait avoir besoin d'être soutenu pour
opérer le passage, cinq heures après, l'Empereur lui
répondait de Losnitza, à une heure du matin : « Le
maréchal Mortier sera aujourd'hui de bonne heure
à Borisow avec deux divisions de la jeune garde, »
Peu d'heures avant, il lui avait renvoyé M. de Morte-

mart pour lui dire, « que dans l'état des choses il ne pouvait quitter l'armée. »

Dans le fait, le pouvait-il, quand dans cette même journée du 24 il avait entendu une forte canonnade sur sa droite, entre Kolopéniczi et Baran, qui lui disait que le maréchal Victor avait été aux prises avec le général Wittgenstein?

Le pouvait-il, quand le général de Chambray a lui-même écrit : « La situation de l'armée de Napoléon était devenue aussi critique qu'elle l'avait été à Krasnoï. Platoff suivait l'arrière-garde (l'historien aurait dû ajouter avec les troupes de Miloradowilch et d'Yermoloff); plusieurs corps de partisans côtoyaient sa marche sur sa droite ; à peu de distance était Wittgenstein, qui n'avait en présence que le corps du ma-réchal Victor. »

Et c'est cependant ce même général de Chambray, dans l'ouvrage duquel nous trouvons ces renseignements et ces détails sur la situation critique de l'Empereur, qui n'hésite pas de le blâmer pour n'avoir pas, dans ce moment, quitté son armée pendant trois à quatre jours.

« 3° Enfin, au lieu de faire passer, le 28 au matin, la division Daendels sur la rive gauche pour conserver ses ponts encore pendant cette journée, il aurait dû, au contraire, faire passer Victor avant le jour, et exécuter aussitôt sa retraite. Les corps réunis des maréchaux Ney, Oudinot et Victor pouvaient encore alors se soutenir; tandis que, par suite des pertes qu'ils firent pendant la journée du 28 et de la désorganisation qui en fut en grande partie la suite, ils se trouvèrent dans l'impossibilité de retarder la poursuite de l'ennemi. »

Ici, encore un reproche d'autant plus extraordinaire qu'il semble, à la manière dont s'exprime le général de Chambray, que l'Empereur n'avait pas même entrevu les désavantages de laisser sur la rive gauche de la Bérézina, pendant la journée du 28, le corps du maréchal Victor, au lieu de le faire passer sur la rive droite avant le jour.

. Comment! le grand capitaine, qui n'eut jamais son pareil pour lire sur la carte et sur le terrain le fort et le faible d'une position, et indiquer les moyens pour la défendre ou l'attaquer. Comment! ce génie n'aurait pas vu, à la Bérézina, ce qu'un simple sous-lieutenant aurait compris au premier instant? Il faut convenir que quand la passion s'en mêle elle fait oublier ce qui était connu de la plupart des historiens de la campagne de Russie : c'est que l'Empereur, en ordonnant la défense du 28, voulait laisser le temps à cette multitude d'employés, de blessés, de malades, de vivandières, d'hommes isolés, de traînards, de chevaux, de bagages, de voitures de toutes les espèces, qui encombraient à une grande distance les abords du pont, de traverser la rivière; sa sollicitude à cet égard était si grande que, du 27 au 29, il s'informait fréquemment et avec le plus grand intérêt si le passage était libre. Les réponses étaient affirmatives, mais on ajoutait qu'on n'en profitait point, tant l'apathie était grande parmi cette foule de non-combattants.

Tels étaient donc les motifs qui décidèrent l'Empereur à ne pas abandonner la position de Studianka avant d'avoir épuisé tous les moyens pour diminuer le nombre de ces milliers d'individus, qui devaient tomber au pouvoir des Russes si le maréchal Victor passait la Bérézina le 28 avant le jour. Sa sollicitude ne fut point trompée, car la lutte que le maréchal soutint pendant cette même journée du 28, accéléra tellement le passage, malgré de nombreuses entraves, que, le 29, les Russes ne prirent que 5 à 6000 non-combattants, au lieu de 35 à 40 000 qu'ils auraient eu, la veille. Il est vrai que cette lutte contribua à la désorganisation de l'armée, mais cela ne détruit point la valeur du motif qui décida l'Empereur à accepter même lutte; motif qui est parfaitement expliqué dans les lettres qu'il écrivit au maréchal Victor, de Zaninki, sur la rive droite de la Bérézina, les 27 et 28 novembre : dans celle du 27, « il lui dit de prendre une bonne position hors du village sur les hauteurs, avec son infanterie, artillerie, cavalerie, afin de pouvoir tenir là *plusieurs jours, et jusqu'à ce que toutes les voitures, bagages et effets quelconques soient passés.* » En donnant un pareil ordre, l'Empereur voulait donc ne rien laisser sur la rive gauche, ce qu'il recommande encore dans la lettre du 28, à 7 heures du soir, où il ordonne de faire brûler les ponts le lendemain, 29.

Puisque le général de Chambray a publié ces lettres, tome III, pages 469 et 470, pourquoi blâme-t-il donc l'Empereur d'avoir laissé le 28 le 9e corps sur la rive gauche.

Si nous ne terminons pas ici la réfutation des appréciations du général de Chambray, c'est qu'il s'en trouve encore sur lesquelles nous devons nous arrêter, parce que son ouvrage faisant autorité, il convient de combattre tout ce qui ne porte pas un cachet d'impartialité.

Il a écrit, tome III, page 68 :

« Il est digne de remarque que plus des trois quarts des troupes qui combattirent à la Bérézina, étaient des troupes étrangères. »

Nous nous serions bien gardé de dire un seul mot sur cette remarque, parce que nous savons que les troupes polonaises, allemandes, suisses, croates, qui faisaient partie des corps d'armée des maréchaux Oudinot, Ney et Victor, se conduisirent avec le même courage et le même dévouement que les troupes françaises attachées à ces trois corps d'armée, et on ne saurait trop répéter combien elles furent admirables à la Bérézina ; mais malheureusement le général de Chambray nous a habitué à voir presque toujours dans ses appréciations une arrière-pensée en quelque sorte cachée, et qui pourtant n'échappe point quand on lit son ouvrage avec une sérieuse attention : ainsi en faisant sa remarque sur les troupes étrangères, pourquoi ne pas dire qu'elles étaient commandées par des maréchaux et des généraux français, qui payèrent si vigoureusement de leur personne, que la plupart furent blessés, savoir : les maréchaux Oudinot et Victor, les généraux de division Legrand, Claparède, Maison, Merle, Girard, Fournier et Damus; les généraux de brigade Grimdler et Berkeim. Le général de brigade Candas fut tué.

Les exemples que donnèrent tous ces chefs n'étaient-ils donc pas faits pour entraîner tous les soldats du monde? Pouvait-on ne pas être brave en les voyant constamment au milieu des plus grands dangers, et même charger l'ennemi à la tête de leur troupes un fusil à la main comme le fit le général Maison?

Le général de Chambray donne bien, dans une

note de la page 67, les noms de la plupart des généraux blessés, mais ce n'est pas dans cette note, c'est dans le paragraphe de la page 68, celui relatif aux troupes étrangères qu'ils devaient se trouver. Là, ils eussent été un correctif qui aurait détruit l'impression qu'on éprouve en le lisant. Ce qui confirme notre observation, c'est qu'à la fin de ce même paragraphe, il y a un renvoi à la page 198, dans lequel le général de Chambray explique le motif qui l'avait d'abord décidé à le retrancher et ensuite à le mettre dans les deux dernières éditions de son ouvrage.

En parlant, tome III, page 104, du 29e bulletin de la grande armée, il en cite particulièrement ce passage :

« Les hommes que la nature n'a pas trempés assez fortement pour être au-dessus de toutes les chances du sort et de la fortune, perdirent leur gaieté, leur bonne humeur, et ne rêvèrent que catastrophes, ceux qu'elle a créés supérieurs à tout, conservèrent leur gaieté et leurs manières ordinaires, et virent une gloire nouvelle dans des difficultés différentes à surmonter. »

A ce passage, l'historien ajoute : « Aucun reproche ne pouvait être plus injuste et plus odieux ; d'autant plus odieux de la part de l'Empereur qu'il n'avait jamais partagé les souffrances de ses troupes, puisqu'il était couvert de fourrures, avait une bonne voiture, couchait dans un lit et buvait chaque jour du vin de Bordeaux (c'est de Bourgogne qu'il aurait du écrire). » Puis vient une terrible récrimination avec invocation aux champs de bataille de Malo-Jaroslavetz, de Krasnoï et de la Bérézina, qui est suivie de ce passage : le 29ᵉ bulletin se terminait par cette phrase qui semble insulter à la douleur publique : « *La santé de Sa Majesté n'a jamais été meilleure,* » phrase qui ne se trouvait dans aucun des bulletins publiés précédemment. »

Le sentiment d'indignation du général de Chambray est d'autant plus inconcevable que l'Empereur disait officiellement, dans le 29ᵉ bulletin, ce que lui, général de Chambray, onze ans plus tard, n'a pas hésité d'écrire (t. III, p. 11).

« Aux maux affreux qui accablaient l'armée vint se joindre un mal nouveau, produit par une cause morale : les hommes trop sensibles ou qui n'étaient pas doués d'assez d'énergie pour envisager d'un œil stoïque et les scènes horribles qu'ils avaient sous les yeux, et l'avenir effrayant qui les menaçait, éprouvaient un abattement et quelquefois une aliénation d'esprit qui les conduisait bientôt au tombeau. »

Certes, en reproduisant avec vérité ce que dans la retraite ont pu voir à chaque instant ceux qui sont revenus de Russie, le général de Chambray ne croyait pas être *Injuste et Odieux*. Pourquoi veut-il donc qu'il en soit autrement pour l'Empereur? Est-ce que le passage de la page 11 du tome III de son ouvrage n'est pas en quelque sorte la reproduction du passage du 29e bulletin, qui a si fortement excité sa colère? Les mots seuls en sont changés, mais la pensée en est la même; pensée vraie, car ayant fait partie du 1er corps d'armée (maréchal Davout), qui fut presque constamment d'arrière-garde, nous avons été trop souvent témoin des effets de ce mal, dont parle le général de Chambray, pour ne pas en avoir conservé un profond souvenir.

Nous avons vu des officiers jeunes, pleins de force, d'intelligence et d'instruction, braves dans toutes les luttes où ils s'étaient trouvés, ayant devant eux un superbe avenir d'avancement, des hommes enfin dont on pouvait dire, en se servant de l'hyperbole, qu'ils auraient fait l'épitaphe du genre humain. Eh bien! nous avons vu ces mêmes hommes, dès le commencement de la retraite, se laisser tellement dominer par la pensée qu'ils ne reverraient plus la France, qu'aussitôt que cette pensée était entrée dans leur esprit, ni raisonnements, ni sollicitations, ni prières de leurs camarades, de leurs amis, rien, en un mot, ne pouvait l'en chasser: et alors, peu de jours suffisaient pour les anéantir et les faire tomber mourants sur la route, sans qu'ils eussent même la force de tendre la main à ceux qui les affectionnaient, ils ne les reconnaissaient plus. Aussi ces derniers mots du passage du 29ᵉ bulletin dont nous nous occupons, « *Ils voyaient une gloire nouvelle dans les difficultés différentes à surmonter,* » peuvent s'appliquer à tous ceux qui résistèrent à de si douloureux spectacles, et souvent à de si navrantes séparations où ils perdaient des amis bien chers, à ceux dont il est permis de dire qu'ils avaient l'audace de vouloir vaincre la nature; noble témérité qui faisait toute leur force, moins pour résister à l'ennemi qu'ils ne méprisaient pas, que pour supporter la faim et ce terrible manteau de glace qui pesait si cruellement sur eux.

Quant à cette phrase du 29ᵉ bulletin où sont ces mots : « La santé de Sa Majesté n'a jamais été meilleure, » il est certain que le général de Chambray ne l'a reproduite qu'avec une intention malveillante, puisqu'elle est précédée de ceux-ci : « Qui semble insulter à la douleur publique, » car il est impossible d'admettre qu'il n'avait pas compris que si les destinées de la France reposaient en ce moment sur l'Empereur, il était naturel qu'en lui apprenant par le 29ᵉ bulletin les malheurs de la grande armée, il la rassurât en même temps sur une existence qui était si précieuse.

Vouloir qu'il y ait dans cette nouvelle une insulte à la douleur publique, ce n'est plus la pensée d'un historien consciencieux.

Relativement au départ de l'Empereur pour la France, qui eut lieu le 5 décembre, de Smorgoni, à onze heures du soir, le général de Chambray approuve ce départ et explique les motifs qui le rendaient impérieux; mais nous devons ajouter qu'il fait précéder les raisons qu'il donne de la remarque suivante (t. III, p. 114) : « Lorsque le départ de Napoléon fut connu dans l'armée, on éclata en malédictions contre lui. Il fuit, s'écriait-on, comme en Egypte! Il nous abandonne après nous avoir sacrifiés! Ces plaintes étaient naturelles; c'était le cri de désespoir; mais étaient-elles justes ? »

Nous dirons qu'il n'y avait que la haine, toujours aveugle et injuste, qui qualifiait d'abandon ce départ commandé par la nécessité, et que si des cris se firent entendre, nous affirmons que ce ne fut pas parmi les officiers et les soldats restés à leur poste. Ils furent alors ce qu'ils avaient été depuis le commencement de la campagne, courageux et résignés. Que dans les états-majors, où on ne fait presque rien et où l'on fronde constamment, on ait jeté des clameurs, cela se comprend, il en a toujours été ainsi et il en sera toujours de même, mais dans le reste de l'armée, non ! mille fois non !

S'il est vrai que ce départ exerça une certaine influence sur les subalternes encore armés et amena leur désorganisation, il faut moins l'attribuer à l'absence d'un chef en qui ils avaient la plus grande confiance et pour lequel ils montraient le plus complet dévouement, qu'aux 29 et 30 degrés Réaumur de froid qui, à dater du 6 décembre, tombèrent comme la foudre sur ces glorieux débris et les couvrirent d'un linceul. Quel changement la présence de l'Empereur aurait-elle apporté à un aussi terrible fléau ? Avec nous ou loin de nous, ce même fléau n'en eût pas moins produit les épouvantables résultats que connaissent ceux qui sont revenus de Russie.

Nous allons parler maintenant d'un fait d'une très-grande gravité et pour lequel le général de Chambray s'est prononcé si favorablement, qu'on se demande si c'est bien un militaire qui a pu écrire ce qu'on lit (t. III, p. 158) :

« *La défection d'York était louable et naturelle.* »

C'est déloyale qu'il fallait écrire, car rien au monde ne peut en changer la nature.

Pour justifier le général d'York, l'historien aura beau objecter les torts de l'empereur Napoléon envers le roi de Prusse (si tort il y eut); il aura beau repro-

duire trois passages d'un ouvrage du général-major de
Seydlitz, alors aide-de-camp du général d'York, et
un passage de l'ouvrage du colonel Boutourlin ; ces
faits, ces citations ne modifieront en rien la position
du général prussien. Comme militaire, son action est
de celles qu'on flétrira partout et toujours. Pourquoi
n'en serait-il pas ainsi? n'a-t-il pas laissé le maréchal
Magdonald dans l'ignorance la plus complète de sa
défection depuis le 27 jusqu'au 31 décembre, ce qui
tint pendant quatre jours le maréchal sur le Niémen
dans une position très-critique et dont il ne sortit
qu'en précipitant sa retraite vers Kœnigsberg? Si, tout
en songeant à abandonner le maréchal Magdonald, le
général d'York l'avait au moins secondé dans le mouvement que le maréchal voulait faire sur la Prégel, et
que là, il l'eût averti de sa résolution de ne plus servir
la cause de la France, il aurait été encore blamâble,
mais du moins on ne pouvait lui reprocher sa trahison.
Cet acte, que rien ne doit excuser, a pourtant fait
écrire au général de Chambray plus de lignes et produire plus de pièces, selon lui justificatives, que s'il
s'était agi d'un fait honorable contesté à l'armée française. Il en a été de même à l'égard du roi de Prusse,
dont l'historien tâche de présenter la conduite sous
un jour favorable. Mais malgré les lettres qu'il reproduit, du maréchal Augereau, commandant le corps

d'armée français qui stationnait en Prusse, et les
l ettres du comte de Marsan, ambassadeur de France
à Berlin ; malgré le mécontentement que le roi sembla
montrer en apprenant la défection d'York qu'il rem-
plaça par le général Kleist, avec ordre à ce dernier de
le faire arrêter et de le faire conduire à Berlin pour y
être mis en jugement ; malgré l'envoi de son aide-de-
camp, le lieutenant-colonel Natzmer, au roi Murat,
afin de lui exprimer toute son improbation de la conduite du général d'York, lequel Natzmer, sous prétexte
de n'avoir pu pénétrer à Kœnigsberg, se rendit au
quartier-général russe ; malgré l'envoi à Paris du
prince de Hatzfeld pour faire connaître à l'empereur
Napoléon son indignation de la conduite du général
d'York, les mesures qu'il venait de prendre à son égard,
et lui porter l'assurance de son attachement à sa cause ;
malgré toutes ces démarches qui n'avaient réellement
d'autre but que de gagner du temps, il est positif que
le roi de Prusse n'était pas un allié sincère et fidèle,
puisque le 4 décembre le général d'York lui avait envoyé son aide-de-camp, le major de Seydlitz, *pour le
supplier de lui faire connaître sa résolution relativement à des propositions du général russe Palucci,*
lequel lui avait annoncé qu'il était autorisé par son
souverain, l'empereur Alexandre, d'entamer avec lui
des négociations formelles s'il voulait abandonner la

cause de la France; que deux jours après, le **6 de-**
cembre, le général d'York avait encore expédié au roi
le capitaine de cavalerie comte de Brandebourg, pour
lui dire que le général russe Essen venait de lui faire
des propositions semblables à celles du général Palucci;
que le major de Seydlitz arrivé à Berlin le **13,** n'en
partit que dans la nuit du **21,** retard nécessaire pour
attendre que d'autres rapports que le sien fussent
mieux éclaircis, retard bien significatif, car si le roi
avait été un véritable allié, il aurait renvoyé le major
de Seydlitz le jour de même de son arrivée à Berlin,
avec défense expresse au général d'York d'écouter la
moindre proposition russe; que l'aide-de-camp, major
de Seydlitz, arriva le **30** dans la matinée auprès de son
général, apportant la certitude que le roi était décidé
à rompre son alliance avec l'empereur Napoléon; qu'à
cette nouvelle, le général d'York se décida à trahir la
France; que dans cette même journée du **30,** le major
de Seydlitz se trouva à la réunion des oficiers prussiens
et russes où il rédigea lui-même, avec le général russe
Clausewitz, la convention que signèrent, pour la Prusse
le général d'York, et pour la Russie le général Diébitch. Ces faits qu'on lit dans l'ouvrage du major de
Seydlitz (t. II, p. **180** et suiv.) sont la preuve la plus
évidente que le roi de Prusse savait et approuvait
d'avance tout ce que ferait le général d'York avec les

généraux russes, puisque le major de Seydlitz, un des rédacteurs de la convention, ne l'avait quitté que depuis huit jours et après avoir pris ses ordres relativement aux propositions des Russes ; ce que confirme encore le major par ces mots : « Chaque prussien en apprenant la convention sentit et reconnut *que le général d'York n'avait agi que dans le sens des instructions du roi.* » 2° Ces mêmes faits sont encore la plus grande preuve qu'il y eut un complet accord entre le roi de Prusse et le général d'York, et que son mécontentement contre ce dernier, ses protestations d'attachement et d'allié fidèle à l'empereur Napoléon, étaient des comédies pareilles à celles que l'Autriche avait jouées, car si cette puissance avait pu écrire à l'empereur Alexandre « *que les 30 000 soldats qu'elle envoyait à la frontière de la Galicie y seraient plus observateurs qu'agis-sants* », que devait-ce donc être pour la Prusse qui n'avait pas donné à la France une de ses princesses pour impératrice? D'ailleurs, est-ce qu'il est possible de croire que l'ambassadeur d'Angleterre à Berlin y restait inactif, quand les ambassadeurs de la même puissance jouaient un si grand rôle à St-Pétersbourg et à Vienne? On sait quelle action immense exercèrent le vicomte Cathcart dans la première ville et lord Wal-pool dans la deuxième. Il ne put donc en être autre-ment de l'ambassadeur anglais à Berlin.

Ces explications doivent démontrer que le général de Chambray s'est étrangement trompé dans ses appréciations de la conduite du roi de Prusse et de celle du général d'York. Mais ce qui étonne, c'est qu'en louant la défection de ce dernier, il oubliait qu'il la condamnait en écrivant (t. III, p. 162) : « Sans la défection d'York, le roi Murat aurait pu réunir 44 000 combattants, indépendamment des débris de l'armée de Moskou s'élevant à près de 15 000 hommes, tandis que les forces de Tschichagof et de Wittgenstein ne s'élevaient qu'à 40 000. Il avait projeté de tenir derrière la Prégel. La défection d'York le força, non-seulement à abandonner ce projet, mais encore à évacuer précipitamment la vieille Prusse.

Et c'est le général de Chambray, dans l'histoire duquel on trouve ces renseignements qu'il affirme être exacts ainsi que les chiffres, qui ne craint pas de trouver louable et naturelle la défection du général d'York, laquelle défection empêche 44 000 combattants frais et dispos, sans parler de 15 000 hommes de l'armée de Moskou, d'arrêter, et nous dirons même de battre les 40 000 soldats fatigués de Tschichagof et de Wittgenstein.

Mais voici aujourd'hui un historien d'un bien autre mérite que le général de Chambray, « un homme d'état, historien illustre et national, » ainsi que l'a dit, à si juste titre, le 16 février 1857, l'Empereur Napoléon III, à l'ouverture de la chambre des députés, M. Thiers, en un mot, qui, lui aussi, approuve la conduite du général d'York. Cette approbation d'une autorité si puissante, devant laquelle nous nous inclinons, devrait arrêter toute observation de notre part, mais pourtant nous sentons qu'il est impossible de trouver louable un acte qui, aux yeux des militaires, sera toujours une trahison. Au surplus, nous transcrivons ce que M. Thiers a écrit sur ce sujet, afin que ceux qui ignorent comment il l'apprécie, ou que ceux qui n'y ont point attaché toute l'importance qu'il mérite et qui liront la réfutation que nous présentons, puissent se former une opinion bien juste d'un événement qui eut une immense influence sur les derniers jours de la campagne de Russie, et dont de malheureux résultats furent la conséquence.

Voici ce qu'on lit, tome XV, page 180 :

« Voyant enfin les Russes s'avancer de toutes parts, signe certain de notre retraite, le maréchal Magdonald s'était mis spontanément en marche pour se rapprocher de Tilsit. Les Prussiens, commandés pour la forme par un général très-respectable, le général Grawert, mais en réalité pour un officier plein de capacité, d'orgueil, d'ambition et de haine pour nous, le général d'York, se retiraient lentement à la suite du

maréchal Magdonald. Ce maréchal avait voulu hâter
leur pas, afin d'échapper à l'ennemi qui se montrait
pressant; *mais tantôt sous un prétexte, tantôt sous
un autre, ils avaient refusé de lui obéir*, à ce point
qu'il en était devenu fort défiant, et avec beaucoup de
raison comme on va en juger. »

Pages 185, 186 et 187 :

« Le général Diébitcb, chef d'état-major de Wittgenstein, entouré d'officiers allemands parmi lesquels
figurait le général Clausewitz, poursuivi de leurs
instances, et n'en ayant pas besoin, car il pensait
comme eux, suivait le maréchal Magdonald pas à pas,
avec l'espérance de lui enlever le corps prussien. Le
général d'York, détestait dans le maréchal Magdonald,
son chef d'abord, car il était jaloux et toujours mécontent, et ensuite un français, car il avait dans le
cœur tout les sentiments de ses compatriotes. Il avait
de continuels démélés avec l'état-major du maréchal,
se plaignait sans cesse qu'on nourrissait mal son
corps, qu'on ne lui accordait pas une assez large
part en fait de décorations et de dotations françaises,
et cette humeur, du reste peu justifiée, avait fort augmenté son aversion patritique pour nous. Le général
Diébitch, averti par des agents secrets, avait formenté
ces sentiments, et puis, la catastrophe venue, avait
fini par proposer au général d'York de passer aux

Russes, sous le voile d'une capitulation commandée par les circonstances. Il suffisait que ce général prussien marchât lentement, qu'il se laissât séparer de Magdonald, puis entourer, pour qu'il parût se rendre malgré lui. On ne désarmerait pas son corps, on le déclarerait neutre, et ce corps serait le noyau de la future armée prussienne, chargée avec les Russes de concourir à la délivrance de l'Allemagne. Le général d'York, bon patriote, mais songeant à lui-même, délibéra longtemps de peur de se compromettre avec sa cour, lui transmit secrètement les communications qu'il avait reçues, la jeta ainsi dans un grand embarras, n'en obtint que le silence pour toute réponse, hésita encore, mais ralentit le pas, se laissa entourer, et enfin, entraîné par le général Clausewitz, qu'on lui avait dépêché, prit son parti, et le 30 décembre, cédant, disait-il, à des circonstances militaires impérieuses, signa une convention de neutralité pour son corps d'armée, avec réserve toutefois de la ratification de son roi. Le sens de cette convention de neutralité était facile à deviner, c'était l'adjonction pure et simple du corps prussien à l'armée russe, après un délai de quelques jours. »

« Un détachement de ce même corps, sous le général Massenbach, avait suivi de plus près le maréchal Magdonald, et était arrivé jusqu'à Tilsit. En apprenant cette convention, le général Massenbach assembla ses officiers, les trouva enthousiasmés de l'acte du général d'York et unanimes pour l'imiter. Dans la nuit il sortit sans mot dire de Tilsit, écrivit au maréchal Magdonald, une lettre respectueuse mais où éclataient sous de vains déguisements toutes les passions qui avaient entraîné le général d'York, et il alla rejoindre ce dernier. On s'embrassa dans le corps prussien, on poussa des cris d'enthousiasme, on s'appela les libérateurs de l'Allemagne, et il est vrai qu'on allait grandement contribuer à son affranchissement. »

Pour moi qui écris ces tristes récits, je suis Français, et, j'ose le dire, Français profondément attaché à la grandeur de mon pays, et cependant je ne puis, au nom des sentiments que j'éprouve, exprimer un blâme pour ces patriotes allemands qui servaient à contre-cœur une cause qu'il sentaient n'être pas la leur, et revenaient à une cause qu'il croyaient être celle de leur partie, ce que malheureusement elle était devenue par la faute du chef placé à notre tête. Il faut ajouter qu'ils auraient pu enlever le maréchal Magdonald, et que, respectant en lui et dans ses soldats de récents compagnons d'armes, ils se séparèrent sans rien faire qui pût aggraver sa position. » ·

Certes, personne ne contestera l'ardent patriotisme de M. Thiers, ses écrits l'indiquent trop sincèrement

pour que le moindre doute existe à cet égard. Quant
à nous, qui en sommes pleinement convaincu, nous
nous demandons néanmoins comment il peut approuver un général dont il dévoile largement et sans
ménagement la conduite. Il ne la condamne point, il
est vrai, mais toutes les phrases de *son triste récit*
ont une valeur si grande, si hautement significative,
qu'en les lisant on est disposé à s'écrier : *trahison!*
et que ce mot se grave à jamais dans la mémoire.
Que M. Thiers, ait écrit que l'Allemagne avait raison
de s'affranchir de la domination française, et encore
cela devait-il se faire loyalement, on peut le comprendre; mais vouloir qu'il en soit de même pour le
général d'York, qui ne cachait pas la haine qu'il nous
portait, non, mille fois non, ce n'est point possible,
car sa défection est aussi condamnable que celle des
Saxons à Leipsick. Comment donc pourrait-il en être
autrement? Est-ce que l'honneur militaire ne doit pas
être aussi sacré pour une armée que pour un soldat?

Maintenant si on examine la narration de M. Thiers,
qu'y trouve-t-on?

1° Que le maréchal Magdonald, pour échapper à
l'ennemi qui le serrait de près, se rapprocha de Tilsit,
sans pouvoir obtenir que le général d'York le suivît.
Tantôt sous un prétexte, tantôt sous un autre, ce
dernier refusa de lui obéir.

On le demandera : n'y avait-il pas dans cette conduite du général prussien les signes bien caractéristiques d'une prochaine trahison?

2° Que le général Diébitch, chef d'état-major de Wittgenstein, suivait le maréchal Magdonald, avec l'espoir de lui enlever le corps prussien. Le général d'York détestait dans le maréchal son chef d'abord, car il était jaloux et toujours mécontent, et ensuite un français, car il avait dans le cœur tous les sentiments de ses compatriotes.

On le demandera encore : que pouvait-on attendre de favorable d'un général animé de tels sentiments contre la France, d'un général qui, dès le commencement de la campagne, excita et entretint dans son corps d'armée la haine qu'il portait aux Français, laquelle était partagée par ses soldats? Pourquoi donc tant d'animosité contre nous dans le cœur des Prussiens? Sans doute parce que, dans la mémorable campagne de 1806, ils avaient été largement battus à Iéna et à Awerstaedt, et que, par suite de ces deux victoires gagnées le même jour (14 octobre), l'armée prussienne n'existait plus que par faibles détachements et que les Français étaient devenus maîtres de la Prusse en si peu de jours que l'histoire n'offre pas un exemple pareil. Mais on fera observer que s'ils obtinrent ces magnifiques résultats, les Prussiens en furent eux-mêmes la cause, car il suscitèrent la guerre qu'ils demandaient de tous côtés à grands cris, « tandis que l'Empereur Napoléon était peu enclin à la faire et très-disposé à en finir avec la Prusse, au moyen de quelques explications amicales. » On en sera convaincu en lisant ce que M. Thiers, avec son admirable talent et sa si grande lucidité, a écrit sur ce sujet, tome VI, pages 546 à 568, et tome VII, pages 1 à 84. On fera encore observer que, dans les graves événements qui s'étaient passés entre les deux nations depuis 1791 jusqu'en 1807, si des sentiments de haine devaient en résulter, c'était bien certainement parmi les Français, puisque le roi de Prusse, avait signé le traité de Pilnitz le 27 août 1791 ; que le duc de Brunswick, général des armées combinées de Prusse et d'Autriche, avait lancé de Coblentz le 25 juillet 1792, son fameux et terrible manifeste, si rempli de menaces contre la nation française ; qu'en 1805. pendant que l'Empereur Napoléon faisait la guerre à l'Autriche, la Prusse « l'avait trahi en signant, le 3 novembre avec cette puissance et la Russie, un traité par lequel elle s'engageait éventuellement à faire partie de la coalition. » M. Thiers, le dit, tome VI, pages 338 et 355. Cette conduite de la Prusse parlait assez hautement pour exciter et entretenir dans l'armée française les sentiments d'animosité qui existaient dans l'armée prussienne ; mais loin de là, la première avait tout oublié, et elle fut, dans cette campagne de 1806 en Prusse, ce qu'elle avait été dans la campagne de 1805 en Autriche, et ce qu'elle sera toujours, une armée combattant ses adversaires sans aucune des ces passions haineuses dont ne sont pas complétement exemptes d'autres armées de l'Europe.

On trouve encore dans la narration de M. Thiers, nous le répéterons ici :

Que le général d'York n'était jamais satisfait, se plaignait toujours qu'on nourrissait mal son corps d'armée, qu'on ne lui accordait pas assez de décorations et de dotations françaises, ce qui avait fort augmenté son adversion patriotique pour nous; que le général Diébitch, qui avait fomenté ces sentiments, en avait profité pour proposer au général d'York de passer aux Russes.

Que penser du patriotisme d'un général qui, servant sous un drapeau dont il déteste les couleurs, et animé d'une profonde aversion pour ceux qui les tiennent haut, ne craint pas se plaindre sans cesse qu'on ne le comble pas, ainsi que ses troupes, de dotations et de la décoration de la Légion d'honneur, signe distinctif que ceux qui la portent ne sont pas entièrement des ennemis de la France ?

Que penser de la loyauté de ce même général qui

se laisse proposer de passer à l'ennemi? Proposition que le général Diébitch n'ose point faire au très-respectable général Grawert, commandant en chef les troupes prussiennes, mais qu'il n'hésite point d'adresser à l'orgueilleux, ambitieux et haineux général d'York, certain qu'elle sera acceptée. N'est-ce pas là un nouvel indice des dispositions de ce dernier à trahir la cause que rien ne le forçait de défendre, puisqu'il pouvait refuser l'honneur de commander les troupes qu'il avait sous ses ordres, en déclarant à son roi que sa haine profonde contre la France lui faisait un devoir de ne point la servir? Oh! alors, sa conduite eût été honorable et patriotique.

On trouve enfin dans sa narration de M. Thiers :

Que le général d'York, pour ne pas se compromettre, fait connaître à sa cour les propositions du général Diébitch, laquelle ne répond pas (nous avons prouvé qu'elle avait répondu par l'intermédiaire du major de Seydlitz, aide-de-camp du général d'York); puis le général prussien ralentit le pas, se laisse entourer, signe avec les Russes une capitulation de neutralité, et quelques jours après, marche avec eux contre les Français.

Si agir ainsi est du patriotisme, il faut convenir qu'il a été guidé par des moyens bien honteux, et, quoi qu'on en dise, ils ne feront jamais honneur à ceux qui s'en sont servis ; autrement que deviendrait l'esprit militaire et la noble carrière des armes, si des alliés, sous prétexte de dévouement à leur patrie, pouvaient, impunément et ensuite en être glorifiés, abandonner, en face de l'ennemi, l'armée avec laquelle ils avaient pris l'engagement de subir en commun toutes les vicissitudes de la guerre ?

Quant à cette observation de M. Thiers, « que les Prussiens auraient pu enlever le maréchal Magdonald et qu'ils se séparèrent sans rien faire pour aggraver sa position, » nous dirons :

Enlever le maréchal ! Il n'aurait plus fallu que l'accomplissement d'un tel acte pour rendre la conduite des Prussiens plus honorable encore ; mais on fera observer qu'il est difficile d'expliquer comment ils auraient pu réussir, puisqu'ils étaient à plus d'une grande journée de marche de Tilsit par suite de leurs pourparlers avec le général Diébitch. Ce n'est pas avec leur brigade de cavalerie Massenbach, laquelle avait suivi le maréchal Magdonald jusqu'à Tilsit, qu'ils auraient pu l'enlever, car d'après M. Thiers, « il avait avec lui la division polonaise Grandjean, de 7 à 8000 hommes, *soldats excellents et fidèles.* »

La séparation des Prussiens aggrava tellement la position du maréchal Magdonald, que si, dès le 31, il ne s'était hâté de s'éloigner de Tilsit pour se rendre vers Kœnigsberg, il se serait trouvé dans la situation la plus critique, car ce n'est point avec ses 7 à 8000 hommes restés fidèles, qu'il aurait pu se faire jour à travers l'armée de Wittgenstein, qui avait passé le Niémen pour lui couper la route de Kœnigsberg. Qu'on lise, au surplus, la lettre que le maréchal Magdonald écrivit de Tilsit le 30 décembre au général Bachelu, qu'on trouve dans l'ouvrage du général de Chambray, tome III, page 299, on verra quels profonds sentiments de douleur remplissaient le cœur du maréchal et combien il sentait la gravité de sa position.

Nous le disons franchement, on est peiné que M. Thiers, « un Français profondément attaché à la grandeur de son pays, » comme il le dit lui-même, n'ait trouvé dans la conduite du général d'York que l'acte d'un bon patriote; mais on doit douter que cette opinion soit partagée par ceux qui, tout en voulant la grandeur de leur pays aussi profondément que l'historien (et heureusement le nombre en est considérable en France), sentent cependant que la défection du général d'York, mot dont se sert M. Thiers, n'est point du patriotisme. Pour eux, défection est synonyme de trahison. Il en résulte que quand on examine sérieusement tout ce qui est relatif à cet événement si grave, on est surpris de voir que des historiens, dont l'un de mérite et l'autre d'un immense talent, aient à peine songé à la relation du major Seydlitz, laquelle prouve cependant, par des faits certains, que le roi de Prusse savait parfaitement quelles étaient les intentions du général d'York et comment il se conduirait ; que ce dernier, avant le 4 décembre, par conséquent avant qu'on connût dans la vieille Prusse le désastre de la Bérézina, était déjà en pourparlers avec les généraux russes ses adversaires ; que plus tard, dès que le général Wittgenstein fut en contact avec lui, il continua ces pourparlers ; qu'il trahit la cause de la France, le JOUR MÊME que son aide-de-camp, le major de Seydlitz, arrivait de Berlin, où il l'avait envoyé pour prendre les ordres du roi relativement aux propositions russes qu'on lui avait faites, lequel de Seydlitz rédigea la convention que signèrent les généraux d'York et Diébitch.

Pourquoi donc les historiens dont nous parlons ont-ils passé légèrement sur ces faits et sur d'autres non moins importants de la relation du major de Seydlitz, qui étant groupés forment un faisceau de preuves écrasantes contre le général d'York et le roi de Prusse. C'est qu'il fallait pouvoir dire, l'un, « que la défection d'York était louable et naturelle, et que, selon toutes les apparences, le roi de Prusse était de bonne foi ; et l'autre, « que les Prussiens servaient à contre-cœur une cause qui n'était pas la leur, et revenaient à la cause qu'ils croyaient être celle de leur patrie, ce que, malheureusement , elle était devenue par la faute de Nepoléon. »

Nous voulions terminer ici ce qui se rapporte à la malheureuse affaire du général d'York, mais nous trouvons, dans les Mémoires du maréchal Marmont, le récit d'une conversation qu'il prétend avoir eue avec l'empereur Napoléon, le 11 octobre 1813, laquelle peut s'appliquer au sujet dont nous nous occupons, et qu'il est utile de reproduire et de combattre, parce qu'elle semble vouloir établir un principe qui laisserait une facilité si grande à la défection ou à la trahison, que, si on en croyait le maréchal Marmont, cet acte, de condamnable, deviendrait méritoire.

Voici ce qu'on lit, tome V, pages 275 et 276.

« Dans une longue conversation que j'eus avec l'empereur Napoléon, le 11 octobre 1813, il faisait la distinction entre ce qu'il appelait un homme d'honneur et un homme de conscience; il donnait la préférence au premier, parce que, dit-il, il tient purement sa parole et ses engagements, et que le second fait ce qu'il suppose le mieux. Mon beau-père, l'empereur d'Autriche, a fait ce qu'il a cru utile aux intérêts de son pays. C'est un honnête homme, un homme de conscience, mais ce n'est pas un homme d'honneur. Vous, Marmont, par exemple, si l'ennemi avait envahi la France et étant sur les hauteurs de Montmartre, vous croyiez, même avec raison, que le salut du pays vous commande de m'abandonner et que vous le fissiez, vous seriez un bon Français, un brave homme, un homme de conscience et non un homme d'honneur. »

Peut-on admettre pour vraie cette extraordinaire conversation? Certainement non, parce que, d'une part, il est impossible que l'Empereur, dans un moment où il manœuvrait devant l'ennemi, ait fait cette distinction si subtile entre un homme de conscience et un homme d'honneur, et de l'autre, il est impossible encore que, le 11 octobre 1813, sept jours avant la bataille de Leipsick (18 et 19 octobre), il ait eu la pensée que l'ennemi pouvait envahir la France et surtout se trouver sur les hauteurs de Montmartre. Il faut ajouter que, si la conversation avait eu lieu, l'Empereur, dont la mémoire était si prodigieuse et si fidèle, n'aurait pu dire, dans sa proclamation du 1er mars 1815 : « La trahison de Marmont livra la capitale et désorganisa l'armée, » et à Saint-Hélène : « jamais défection n'a été plus avouée ni plus funeste; elle se trouve consignée dans le *Moniteur*, et de sa propre main ; elle a été la cause immédiate de nos malheurs, le tombeau de notre puissance, le nuage de notre gloire. »

Dans tous les cas, il faut convenir que le maréchal

Marmont, en donnant cette prétendue conversation du 11 octobre 1813, préparait, bien à l'avance et avec bien de l'artifice pour ceux qui ne vont pas au fond des choses, la justification, si elle était possible, de ce qu'il fit en 1814, à Essonne ; mais il aura beau invoquer son dévouement à la patrie, multiplier, dans le tome VI, les explications pour l'établir, tous ses efforts ne changeront pas la nature de sa conduite, qui restera toujours condamnable comme celle du général d'York. Mais ce qui donne de la force à notre observation sur l'acte du maréchal Marmont et le jugement qu'on en porte, ce sont les détails qu'on en trouve dans le VIII° volume de ses mémoires, pages 292, 293 et 294, d'une scène déplorable qu'il eut à Saint-Cloud, le 30 juillet 1830, avec le duc d'Angoulême, lequel, sur l'ordre du roi Charles X, avait pris, le 29, le commandement de toutes les troupes que le maréchal Marmont avait eues sous ses ordres dans les journées des 27, 28 et 29 juillet. Comment comprendre cette scène, que nous reproduisons, si, véritablement pour tous, le maréchal Marmont n'avait point trahi la cause qu'au prix de son sang, largement versé sur plusieurs champs de bataille, il avait défendue jusqu'au mois d'avril 1814 ? le lecteur pourra en juger par le récit du maréchal.

« M'étant rendu chez le Roi, je lui rendis compte

d'un ordre du jour que je venais d'adresser à la garde royale (c'était la seule troupe que le maréchal commandait encore), pour l'engager de continuer à faire son devoir et pour arrêter la désertion qui régnait dans ses rangs. L'avez-vous dit à mon fils? me demanda le roi. — Non, Sire, le temps pressait; je ne me suis adressé qu'à la garde et je me réservais d'en donner connaissance à Monseigneur en venant à l'ordre chez Votre Majesté.

— Vous avez eu tort! Courez chez lui pour le lui apprendre.

Je quittai le Roi et je fus chez le Dauphin.

Mgr le Dauphin qui était entré chez le roi au moment où j'en sortais, mais par une autre porte, en revint aussitôt. En passant devant moi, il me dit avec un air furieux : « Entrez! »

A peine dans le salon, il me prend à la gorge en s'écriant :

« Traître! misérable traître! Vous vous avisez de faire un ordre du jour sans ma permission!

A cette attaque subite, je le saisis par les épaules et le repousse loin de moi; lui redoublant ses cris et recommençant ses insultes :

« Rendez-moi votre épée!

— On peut me l'arracher, mais je ne la rendrai jamais!

Il se jette sur moi, la tire, il semble vouloir m'en frapper et s'écrie :

« Gardes du corps, à moi! saisissez ce traître et emmenez-le!

Si nous reproduisons ce triste événement, tout à fait étranger à nos observations sur le passage de la Bérézina, c'est qu'ayant parlé incidemment du maréchal Marmont, nous tenions à prouver que nous ne nous trompions pas en qualifiant sa conduite à Essonne de trahison, car on ne peut admettre que si elle n'avait pas été jugée de cette manière par ceux mêmes qui en avaient profité, le duc d'Angoulême ne l'aurait pas appelé *misérable traître* pour avoir fait, sans sa permission, un ordre du jour qui ne s'adressait pas à toutes les troupes, mais seulement à la garde royale, que le maréchal Marmont commandait encore comme major-général de service.

Les expressions si outrageantes du Dauphin n'étaient donc que l'écho de ce qu'on avait dit et de ce qu'on dira toujours du maréchal Marmont d'Essonne. On en trouve une preuve dans la manière dont le peuple appréciait alors sa conduite, car lorsqu'il parlait de tromperie ou de trahison, il se servait du nom honorifique du maréchal Marmont au lieu du mot trahison. Preuve qui n'est ni exagérée, ni inexacte, parce que c'est de l'histoire.

Nous revenons à l'examen de l'ouvrage du général de Chambray, lequel, comme nous l'avons déjà dit, a beaucoup de mérite sous bien des rapports, mais où on trouve cependant un grand nombre d'appréciations contestables et d'autres très-injustes à l'égard de l'Empereur Napoléon. Aussi, en réfutant ces dernières, nous nous étonnions de le faire, car nous savions qu'elles étaient en grande partie contredites par ce que l'historien a écrit (t. III, page 111) sur la conduite de l'Empereur pendant la campagne de Russie et sur les qualités dont il était doué à un si un haut degré.

Le général de Chambray s'exprime ainsi :

« Napoléon, pendant l'expédition de Russie, jouit d'une santé robuste ; il montra constamment une activité d'esprit extraordinaire, un calme et une impassabilité remarquables dans les circonstances les plus critiques et les plus capables d'émouvoir. » Observation qui contredit celle-ci de la page 39 : « L'Empereur ne pouvait dissimuler son inquiétude. »

« Il marcha indifféremment le jour et la nuit à pied, à cheval ou en voiture, selon sa fantaisie ou selon qu'il le jugea utile ; » autre contradiction avec la remarque de la page 104, où l'historien « lui reproche de marcher dans une bonne voiture. »

« Il donna ou dicta ses ordres à toutes les heures

du jour et de la nuit quand cela fut nécessaire. Il ne fut indisposé qu'une seule fois, la veille de la bataille de la Moskwa, d'un rhume qui dura jusqu'à son départ de Mojaïsk pour Moskou, mais qui ne l'empêcha pas de se livrer à ses travaux habituels. »

On lit le contraire (t. II, p. 77) où le général de Chambray prétend qu'à la bataille de la Moskwa « l'Empereur montra dans les moments les plus importants une grande irrésolution ; il fut enfin au-dessous de sa réputation et manqua entièrement à sa fortune, ce qu'il faut sans doute attribuer à un gros rhume dont il était incommodé. »

« Il n'abandonna pas un seul instant, même dans les moments les plus critiques, les soins du commandement. »

Ce qui est ici un éloge devient un blâme à la page 76, où l'historien reproche à l'Empereur « de n'avoir point abandonné l'armée pendant trois à quatre jours. »

« Ses lettres et celles de Berthier qui émanent de lui ne laissent aucun doute à cet égard. Elles sont claires, concises, les matières y sont classées dans un ordre parfait ; Napoléon y prévoit tout. »

« Il n'affecta point, dans la retraite, de partager les maux qui accablaient ses troupes et *fit bien*, car la première condition était qu'il conservât ses forces physiques et morales. »

S'il fit bien, pourquoi donc le général de Chambray le blâme-t-il (p. 104) « d'être couvert de fourrures, de coucher dans un lit, d'avoir une bonne voiture et de boire chaque jour du vin de Bordeaux ? »

« La prolongation de son séjour à Moskou fut un événement dicté entièrement par la politique; il sentait que c'était une faute militaire, mais l'exemple du passé, le souvenir de Tilsit et d'Erfurth lui persuadèrent, contre toutes les apparences, qu'Alexandre consentirait à traiter de la paix. »

Comment est-il possible qu'un historien qui fait un tel éloge de l'Empereur tienne un langage tout différent dans un certain nombre de pages de son ouvrage? C'est que sans doute, entraîné par l'évidence, il n'a pu s'empêcher de reconnaître ce qui était vrai. Puis, l'Empereur, n'était pas le souverain qu'il aurait voulu; de là, les appréciations que nous avons combattues et les suivantes qui terminent le portrait de l'homme qu'il n'aimait pas.

« Lors de son départ de Moskou, c'est l'orgueil et son habitude de compter sur l'impéritie de ses adversaires qui l'empêchèrent de faire disparaître une partie de cette énorme quantité de voitures d'artillerie et de bagages qui devaient ralentir sa marche. Son salut dépendait cependant de sa rapidité. »

Sans nul doute, il eût été convenable d'alléger l'armée, mais son salut ne dépendait point de là. Nous croyons avoir démontré dans nos observations sur les combats de la Czernischnia et de Malo-Jaroslavetz quelles furent les véritables causes qui empêchèrent la complète réussite de la marche sur Kalouga, dont l'armée se fût si bien trouvée.

« S'il éprouva des revers inouïs, on doit l'attribuer à l'imagination qui le dominait ; l'orgueil l'avait gâté et l'égarait ; il comptait beaucoup trop sur l'impéritie de ses adversaires, il se formait quelquefois un état de choses selon ses désirs, nonobstant les rapports de ses lieutenants et il donnait des ordres en conséquence ; c'est ce dont plusieurs de ses lettres offrent la preuve. »

Nous avons lu toutes ces lettres avec la plus grande attention, et n'y avons point trouvé ce qui mérite le blâme du général de Chambray ; néammoins, nous y avons remarqué que l'Empereur, qui jugeait si facilement les événements et les hommes, se tenait constamment sur ses gardes contre les rapports de ses lieutenants, qui n'avaient pas son coup d'œil, et craignaient en outre de se compromettre vis-à-vis de l'ennemi quand le chef suprême n'était point là.

« Cette disposition d'esprit de Napoléon lui fit juger habituellement sa situation pendant la retraite, moins critique qu'elle ne l'était réellement, excepté toutefois en s'approchant de la Bérézina, où il s'aperçut qu'elle devenait désespérée. »

Quelle que fût la disposition d'esprit de l'Empereur à l'égard de ses lieutenants et de l'impéritie de ses adversaires, il était un trop grand homme de guerre pour n'avoir pas apprécié sa position dès les premiers jours de la retraite. La lettre suivante du maréchal Ney en fournit une grande preuve :

« Semlewo, le 3 novembre.

« Faites filer l'armée le plus vite possible, car on *use ainsi le reste du beau temps sans marcher*. Le maréchal Davout retient le prince Eugène et le prince Poniatowski pour chaque charge de cosaques qu'il aperçoit. » (Général de Chambray, t. III, p. 45.)

En écrivant cette lettre dans les premiers jours de novembre, l'Empereur savait donc à quoi s'en tenir sur la retraite qu'il exécutait, puisqu'il recommandait de profiter du reste du beau temps pour marcher et par conséquent s'éloigner de l'ennemi. Ses lettres, à dater de ce moment jusqu'au passage de la Bérézina, l'indiquent aussi, sans pourtant laisser entrevoir le fond de sa pensée, ni montrer, par un seul mot, qu'il jugeait sa position aussi désespérée que l'a prétendu le général de Chambray, tandis que le russe Boutourlin a écrit « *qu'il la mesura avec l'œil du génie.* »

Le lieutenant-colonel de Baudus :

Si avant de passer aux historiens dont il nous reste
à parler, nous nous occupons maintenant du lieutenant-colonel de Baudus, dont les études sur Napoléon
n'ont paru qu'en 1841, c'est que cet officier partageant
à l'égard de l'Empereur la manière de voir du général
de Chambray, dans l'ouvrage duquel il puise souvent,
nous avons cru convenable de ne pas scinder nos
observations, lesquelles peuvent également s'appliquer
aux deux historiens.

En lisant ce que le lieutenant-colonel de Baudus a
écrit sur le passage de la Bérézina, on y trouve des
appréciations fort justes, mais aussi d'autres tellement
passionnées qu'on est étonné qu'en écrivant ces dernières l'historien ne se soit pas aperçu que si elles
avaient pu passer sans contestation en 1815, il n'en
était pas de même en 1841. Le laps de temps qui s'est
écoulé entre ces deux époques a si grandement fait
justice de ce qui était reçu dans les premières années
de la Restauration, qu'aujourd'hui on trouvera peu
d'historiens qui, tout en conservant leurs opinions, se
permettent d'attaquer l'empereur Napoléon comme le
firent les historiens légitimistes au retour des Bour-
bons, conduite que ne tinrent pas ceux d'une opinion
différente lorsque ces princes tombèrent, car il faut
bien le reconnaître, ils ont gardé une réserve qu'on

aurait désiré trouver dans les autres quand ils se sont occupés de l'empereur Napoléon. Parmi ces derniers on peut citer le lieutenant-colonel de Baudus, qui n'a pas hésité de l'attaquer, parfois d'une manière si violente, qu'on est peiné de voir à quel point la passion a pu l'entraîner. Nous reconnaissons cependant qu'il n'en est plus de même lorsqu'il parle de sa présence sur les bords de la Bérézina.

Voici ce qu'on lit (t. II, p. 273) :

« Rien ne fut plus remarquable et plus consolant à la fois que le courage et le dévouement déployés pour le passage ; on était heureux à l'apparition de toutes les crises graves de retrouver toujours des traces de cet élan, de cette énergie, précieuses qualités des guerriers de notre nation. *Jamais à l'époque de ses plus beaux triomphes Napoléon n'avait été mieux servi qu'il ne le fut alors.* »

« *Dans ce moment solennel il retrouva également toute l'élévation, toute l'énergie de son caractère ; il ne s'éloigna pas un seul instant des travailleurs ; aussi sa présence fit-elle évanouir toutes les difficultés ; aussi ne manifesta-t-il aucun désir qu'il ne le vît se réaliser à la minute.* »

Ces quelques lignes, aveu du lieutenant-colonel de Baudus, qui ne sont que l'expression exacte de ce qui se passa et de ce qu'on ressentait pour l'Empereur, prouvent, venant d'un historien qui lui est presque toujours hostile, quelle puissance morale il exerçait sur son armée, que nuls malheurs ne pouvaient complétement abattre et à qui sa présence rendait toute son énergie. Elles prouvent encore, puisqu'il y avait tant d'abnégation dans cette même armée, qu'on n'y partageait pas les idées de ces quelques frondeurs qu'on trouvera constamment dans les états-majors, frondeurs auxquels rien ne convient et qui voient toujours des fautes là où il n'y en a pas.

Si nous convenons que le lieutenant-colonel de Baudus a été heureusement inspiré dans le passage que nous venons de citer, il n'en est plus de même pour tout ce qu'il a écrit sur le désastre de la division Partouneaux, dont il fait peser toute la responsabilité sur l'Empereur, lui reprochant d'avoir essayé de donner le change en la faisant tomber sur un autre. « *Moyen perfide qu'il a employé toutes les fois qu'il a eu quelques fautes décisives à se reprocher.* »

Les observations et les détails que nous avons présentés dans les pages précédentes sur cet événement malheureureux, doivent répondre à cette accusation où l'historien n'a pas hésité à se servir du mot *perfide*.

Nous ne sommes pas plus de son avis lorsqu'il prétend qu'on a accusé le maréchal Oudinot d'avoir mis trop de temps à choisir le point du passage de la

Bérézina, de n'avoir point surveillé la construction
des chevalets et les préparatifs pour jeter les ponts ;
tandis que c'est l'Empereur qu'on aurait dû accuser
de ces fautes, puisqu'il aurait dû se trouver sur les
lieux où sa présence aurait tout hâté ; présence récla-
mée par une lettre du maréchal Oudinot, qui demandait en outre d'être soutenu ; lorsqu'il dit encore que
l'Empereur n'aurait pas dû faire brûler à Orcha l'équipage de pont. »

Nous ferons observer qu'aucun historien n'a accusé le
maréchal Oudinot, ainsi que le prétend à tort le lieutenant-colonel de Baudus. Le seul qui ait parlé longue-
ment des retards apportés à la construction des ponts,
c'est le général Gourgaud qui rejette la faute de la mauvaise construction des chevalets sur le colonel d'artillerie *** ; chevalets que le général Eblé fit remplacer par
de plus solides, ce qui retarda le passage de 24 heures.

Le reproche que l'historien fait à l'Empereur de ne
pas être arrivé plus tôt à Studianka, reproche qu'a fait
aussi le général de Chambray, dont il copie les appréciations, n'est pas plus exact que celui de n'avoir
point soutenu le maréchal Oudinot et d'avoir ordonné,
à Orcha, la destruction de l'équipage de pont.

Dans nos précédentes réfutations nous avons prouvé,
d'après les lettres de l'Empereur, tout le contraire de ce
que veulent ces deux historiens. Nous pensons qu'il en

est de même pour cette observation : « Ce fut un grand bonheur que le maréchal Oudinot n'ait pu céder à l'impatience de l'Empereur de voir les ponts établis **24** heures plus tôt. » Nous ne reviendrons point sur ces faits divers, que le lieutenant-colonel de Baudus a la prétention de dire exacts, comme il a celle de croire « avoir prouvé que Napoléon et ses partisans ont eu tort d'accuser le maréchal Oudinot. Il compte le démontrer de même pour le maréchal Victor. »

Certes, pour tenir un langage aussi affirmatif, il faut que l'historien se croie bien certain que les preuves sur lesquelles il s'appuie ne peuvent être contredites ; mais il sera facile de se convaincre du contraire par notre réputation, dans laquelle nous sommes forcé de reproduire quelques-unes de nos précédentes observations et des lettres de l'Empereur.

Voici la version du lieutenant-colonel de Baudus (t. II, p. 291 et 292) :

« Dans une lettre que le major-général écrivait le **19** novembre au maréchal Victor, il lui disait : l'intention de Sa Majesté est de se porter sur Minsk, et, *quand on sera maître de cette ville, de prendre la ligne de la Bérézina.* Il serait donc possible que vous reçussiez l'ordre de vous porter sur Bérézino, de couvrir par là la route de Wilna et de vous trouver ainsi en communication avec le 6e corps. Etu-

diez ce mouvement et faites-moi connaître vos observations. »

« Le maréchal suivit ces indications, évidemment
contre sa manière de voir, puisqu'il avait proposé au
contraire de se porter sur Baran pour y couper la route
de Lepel. On trouve la preuve de ce fait dans la correspondance du major-général, qui lui écrivait le 23 novembre : « L'Empereur, monsieur le maréchal, vient
« d'arriver à Bobr. Le maréchal Oudinot est à Bori-
« sow ; il est important que vous fassiez couper la
« route de Lepel, *comme vous vous proposiez de le*
« *faire*, afin d'être certain que Wittgenstein ne porte
« rien sur Oudinot. »

« Heureusement ce nouvel ordre, qui modifiait les
instructions du 19 novembre, n'arriva que lorsque le
maréchal Victor, se conformant à des dispositions que
rien ne devait lui faire croire changées, avait quitté la
route de Baran. Nous pouvons dire *heureusement*,
parce que ce fut sans doute la direction prise par le
maréchal Victor qui décida Wittgenstein et Koutousoff
à donner à l'amiral Tschichagof l'avis que nous exé-
cutions notre passage à gauche de Borisow, seul ren-
seignement d'après lequel il a pu se décider à porter
la majeure partie de ses forces à Bérézino, et à dégarnir la position occupée par la division Tschaplitz, en
face de Studianka. On voit par tout ceci à quel point,

dans notre malheur, les événements tournèrent à notre avantage. »

Nous avons transcrit ce paragraphe en entier, parce qu'il y a selon nous, dans l'examen des faits, des erreurs qu'on peut croire volontaires, en raison de la manière dont ces mêmes faits sont présentés.

L'historien a écrit : « le maréchal Victor suivit ces indications évidemment contre sa manière de voir, puisqu'il avait proposé de se porter sur Baran pour y couper la route de Lepel. »

Comment le maréchal suivit-il ces indications? Est-ce en se rendant, ainsi qu'il le fit, à Batury, direction diamétralement opposée à celle qui lui avait été indiquée et qu'il avait lui-même désignée? Pour fournir la preuve de ce dernier fait, l'historien a le soin de reproduire la lettre du 23 novembre, qu'on lit dans le paragraphe que nous venons de copier : « *heureusement*, ajouta-t-il, ce nouvel ordre, qui modifiait les instructions du 19 novembre, n'arriva que lorsque le maréchal Victor avait quitté la route de Baran. »

En quoi le lieutenant-colonel de Baudus trouve-t-il donc que cet ordre modifiait les instructions du 19 novembre? Il semble qu'il les confirmait, au contraire, puisqu'il lui prescrivait d'exécuter ce qui d'abord n'avait été qu'indiqué, car, le 19 novembre, il n'était pas question d'agir de suite, mais dans un temps plus ou moins rapproché et suivant la tournure que prendraient les événements. Cela était si vrai, que dans les instructions on lui disait : « *Étudiez ce mouvement et faites connaître vos observations.* »

En vérité, on éprouve un étonnement extrême quand on voit un historien qui a la prétention de faire des *études sur Napoléon*, ce qui n'appartient qu'à des intelligences tout à fait hors ligne, se fourvoyer comme il l'a fait en cette circonstance, car il est certain qu'il n'a pas remarqué que, dans les instructions du 19 novembre, le Bérézino dont il est question, qui est au nord de Borisow et sur la route de Witebsk à Wilna, n'est pas le Bérézino au sud de Borisow, auquel on ne pouvait alors songer, ce que le lieutenant-colonel de Baudus aurait dû comprendre. Ainsi donc, si le maréchal Victor s'était conformé à ces mêmes instructions du 19 novembre, il aurait pris, de Kolopeniczi, la route qui, de Baran, remonte à Bérézino, direction de Wilna ; tandis qu'il suivit celle de Batury, qui, de cette position, descend vers Bobr et Borisow, direction de Minsk, au sud de laquelle se trouve l'autre Bérézino.

Nous pouvons dire *heureusement*, s'est écrié l'historien ; mais de notre côté nous pouvons dire qu'il s'est grossièrement trompé dans le motif qu'il donne pour justifier ce mot.

Comment ! Cet historien qui se permet de blâmer

les opérations militaires de l'Empereur, n'a su trouver dans le mouvement du maréchal Victor que ce seul motif « de décider Wittgenstein et Koutousoff à prévenir Tschichagof que les français exécutaient le passage à gauche de Borisow ! » Il semble pourtant qu'il y en avait un autre d'une bien plus grande importance, et dont parlent plusieurs historiens de la campagne de Russie, lesquels s'accordent pour reconnaître que le faux mouvement du maréchal Victor décida Wittgenstein à suivre son adversaire dans la direction de Batury, au lieu de se porter droit à Studianka, où il eût énormément entravé le passage de la Bérézina. Faute capitale de la part du général russe qui ne détruit aucunement celle du maréchal Victor.

Puisque l'historien était disposé à blâmer, il devait s'appuyer sur des causes sérieuses et non sur un fait secondaire qui n'exerça aucune influence sur le passage de la Bérézina, puisque le général Tschaplitz avait repris sa position de Brilowa, en face de Studianka, dans la matinée du 26, avant que les ponts fussent terminés, et que, dans l'après-midi du même jour, l'amiral Tschichagof était arrivé à Borisow, assez à temps pour envoyer la division Palhen au secours du général Tschaplitz, que le maréchal Oudinot menait rudement de Brilowa à Stakow depuis qu'il avait traversé la Bérézina. Ces faits, dont nous avons déjà parlé ailleurs, et qui, ne peuvent être contredits, indiquent que le mot *heureusement* du lieutenant-colonel de Baudus, et son appréciation sur les suites du mouvement du maréchal Victor ne sont pas exacts.

Continuons et voyons comment s'exprime le même historien, tome II, pages 292 et 293 :

« Maintenant, pour montrer la *loyauté* dont usait Napoléon dans ses rapports avec ses lieutenants, nous allons citer le début de la lettre écrite le 25 novembre par le Major-général au maréchal Victor. (Les lettres du Major-général émanaient toutes de l'Empereur.)

« J'ai mis votre lettre du 24 sous les yeux de l'Em-
« pereur. Vous ne parlez pas de la forte canonnade
« qui a commencé hier à trois heures et demie, vous
« ne me faites pas connaître non plus si vous avez de
« l'infanterie devant vous. — Votre principal but est
« d'empêcher Wittgenstein d'atteindre Oudinot, et il
« vous a toujours été ordonné d'arriver rapidement sur
« Baran, afin de couper la route de Lepel ; vous n'en
« avez rien fait, etc., etc. »

Dans une autre lettre, même date, le Major-général s'exprime ainsi : « Il est fâcheux, puisque vous étiez
« en présence de l'ennemi, de ne l'avoir pas bien
« rossé..... S'il vous a suivi et s'il vous inquiète,
« tombez-lui dessus avec une de vos divisions. Demain,
« avant le jour, partez avec deux de vos divisions pour

« arriver à Borisow et de là au point du passage. Il
« serait très-dangereux d'évacuer Rataliczi si l'ennemi
« est en présence; dans ce cas vous devez faire volte-
« face avec un nombre de divisions égal à celui de
« l'ennemi et le battre. Si vous faisiez autrement,
« vous compromettriez tous les corps qui sont à Krapi.
« L'Empereur voit que l'ennemi vous a offert de belles
« occasions de le battre et que vous n'avez jamais su
« en profiter. »

« L'analyse que nous venons de présenter des ordres
données au maréchal Victor prouve combien ces derniers reproches sont injustes. Napoléon eût sans doute
trouvé mauvais que son lieutenant, placé en face de
forces infiniment supérieures à celles dont il pouvait
disposer, eût compromis ses troupes dans une affaire
générale. »

Où l'historien voit-il que l'Empereur manque de
loyauté envers ses lieutenants? Où voit-il encore que
ses reproches à l'égard du maréchal Victor étaient injustes? Est-ce que ses ordres n'étaient pas tellement
positifs que nulle hésitation n'était possible? Ne di-
saient-ils pas d'abord, « si l'ennemi vous inquiète,
tombez-lui dessus avec une division; et ensuite, si l'ennemi est en présence vous devez faire volte-face avec
un nombre de divisions égal à celui de l'ennemi et le
battre? »

Puisque les ordres étaient ainsi conçus, comment est-il possible de croire que l'Empereur eût trouvé mauvais qu'on les exécutât? L'appréciation que nous réfutons est plus qu'inexacte, elle est malveillante, car toutes les instructions ou lettres du 1er au 28 novembre démontrent quelle importance l'Empereur attachait à ce que le maréchal Victor attaquât le général Wittgenstien et le battît; importance qui n'était nullement diminuée au moment même où le maréchal n'avait plus que les deux tiers de son monde, parce que l'Empereur savait que cela était possible; autrement, il faudrait supposer que ses lettres au maréchal Victor n'étaient qu'une comédie. Si nous ne nous trompons, c'est l'opinion du lieutenant-colonel de Baudus qui, pour prouver que l'Empereur eût trouvé mauvais que son lieutenant attaquât son adversaire avec des forces inférieures, a écrit, tome II, page 293 :

« L'Empereur disait dans ses instructions du 18 novembre au Major-général : « Quant au maréchal Victor « c'est fort heureux que depuis vingt jours il ait pu « contenir Wittgenstein sur l'Oula; mais le temps de « jouer à la manœuvre est passé. Cette armée devient « notre seule ressource; maintenant elle doit fournir « au plus pressé, à l'avant-garde comme à l'arrière-« garde, devant nous pour nous ouvrir le chemin,

« derrière nous pour le fermer. Il faut donc qu'elle
« se partage. »

« Cette armée avait en effet été partagée; tout le
corps du maréchal Oudinot (le 2me) en avait été
distrait, et, quelques jours plus tard, oubliant qu'il
s'était trouvé heureux que, réunie, elle eût pu contenir
Wittgenstein, il fait exprimer son étonnement de ce
que, réduite d'un bon tiers, elle ne l'ait pas battu. Il
faut convenir qu'en écrivant sous la dictée de son
*amour-propre on s'expose à raisonner d'une manière
bien absurde.* »

Si c'était un Russe qui eût tenu un tel langage, passe
encore, mais un officier français, c'est à ne pas y
croire; aussi on se demande s'il n'y avait pas que ces
hommes qui ont vu avec joie le sol sacré de la patrie
foulé par les étrangers, derrière les bagages desquels
ils marchaient, pour oser s'exprimer d'une manière si
inconvenante. Le lieutenant-colonel de Baudus n'était
pas, il est vrai, parmi ces hommes, mais il partageait
si chaudement leur opinion (il le répète souvent dans
son ouvrage), qu'on ne doit pas être étonné de lire
dans ses études : « que Napoléon, en écrivant sous la
« dictée de son amour-propre, s'est exposé à raisonner
« d'une façon bien absurde. »

Quant à ces instructions du 18 novembre, que
l'Empereur aurait adressées au Major-général rela-

tivement au maréchal Victor, et que l'historien cite d'après le général de Cambray, tome III, pages 320 et 321, nous ferons observer que, malgré toutes nos recherches, nous ne les avons trouvées, ni dans l'ouvrage de ce dernier historien, ni dans ceux du général Gourgaud et du baron Fain. Néanmoins tous les trois reproduisent, d'abord, une lettre de l'Empereur au Major-général, datée de Dubrowna, le 18 novembre, où il est dit : « Faites connaître au gouverneur « de Minsk que j'ai ordonné au maréchal Oudinot de « se porter en toute hâte avec son corps d'armée « (le 2ᵉ), une division de cuirassiers et 10 pièces de « canon sur Borisow, etc... »

Ensuite, une lettre du Major-général au maréchal Victor, de Dubrowna, le 19 novembre (lettre que nous avons déjà transcrite), dans laquelle on lit : « l'Empereur arrive à Orcha aujourd'hui à midi. Il « est nécessaire que la position que vous prendrez « vous mette plus près de Borisow, de Wilna et « d'Orcha que l'armée ennemie. Faites en sorte de « masquer le mouvement du maréchal Oudinot. »

Il résulte de ces deux documents, les seuls qu'on connaisse, que des ordres ont été donnés le 18 au maréchal Oudinot, pour qu'il se porte sur Borisow, et le 19 au maréchal Victor, pour qu'il couvre ce mouvement. Mais ces ordres avaient-ils la même signifi-

cation que les prétendues instructions du 18, citées
par le lieutenant-colonel de Baudus? Pas la moindre,
car, si suivant lui l'Empereur a trouvé heureux que
l'armée du maréchal Victor eût pu contenir Wittgenstein, le même historien s'étonne grandement de
ce que, réduite d'un bon tiers, l'Empereur fasse té-
moigner sa surprise de ce qu'elle ne l'a pas battu. Il
n'y a là aucune contradiction, puisque, d'après ces
mêmes prétendues instructions du 18, l'avant-garde, le
corps du maréchal Oudinot, devait ouvrir le chemin,
et l'arrière-garde, celui du maréchal Victor, le fermer.
Certes, si l'Empereur a donné ces ordres, il ne pensait
pas alors que les deux maréchaux obtiendraient les
résultats demandés sans se battre. C'est ce qui eut
lieu pour le maréchal Oudinot, qui, le 23, culbuta
complétement le général Palhen, du double plus fort
que lui, et il en eût été de même pour le maréchal Victor
s'il eût attaqué haut la main le général Wittgenstein,
auquel on peut sans le moindre scrupule reprocher de
n'avoir jamais osé aborder sérieusement son adversaire. Son appréhension à cet égard était tellement
évidente, qu'elle donnait la certitude d'un succès, si
le maréchal Victor avait voulu l'obtenir. De là, les reproches de l'Empereur, qui n'étaient que trop fondés.
C'est ce dont l'historien aurait pu acquérir la certitude,
si au lieu de s'oublier au point d'employer le mot

absurde, il avait lu attentivement ce que le général de Chambray, sur lequel il s'appuie constamment, a écrit, tome III, page **21**, de la continuelle
hésitation du général Wittgenstein. Il y aurait trouvé la
preuve qu'il ne fallait au maréchal Victor que *vouloir*
pour battre un adversaire bien plus fort que lui.

Maintenant, nous abordons un fait que l'historien
dénie, et sur lequel il se prononce avec tant d'ai-
greur, qu'il va même jusqu'à accuser l'Empereur de
mensonge. Nous établissons par des preuves qu'il n'é-
tait point permis au lieutenant-colonel de Baudus de
s'oublier ainsi qu'il l'a fait.

A Smorgoni, le 5 décembre, l'Empereur, au moment de quitter l'armée, fit ses adieux à ses lieutenants en quelques mots qui résument toute la
campagne de Russie (nous transcrivons ces paroles
remarquables à la fin de nos observations). Il y déduit
si clairement les fautes qui furent commises et qui
contribuèrent au résultat malheureux de la campagne,
qu'il n'y a que la passion qui ne veuille point le reconnaître. C'est ce qu'a fait le lieutenant-colonel
de Baudus, lequel attaque toutes les paroles de
l'Empereur et prétend, tome II, page 341 : « qu'à
Sainte-Hélène l'Empereur avait fini par se persuader
qu'en partant de Smorgoni, il avait formulé,
pour ceux de ses amis qui voudraient un jour écrire

son histoire, *ce sommaire mensonger* de ce qui se passa de remarquable dans cette expédition. On en trouvera une démonstration convaincante dans l'emploi de ces expressions de *trahison et honteux mystères qu'on saura peut-être un jour*. N'est-ce pas en effet un véritable anachronisme? Ces expressions ont pu se présenter à sa pensée en 1813 et 1814, fort injustement et sans la moindre apparence de raison assurément, mais jamais en 1812 il ne put en avoir même l'idée, car il ne peut-être question de la Prusse et de l'Autriche. »

Si l'on s'en rapportait à cette version, rien de remarquable n'aurait eu lieu à Smorgoni au moment où l'Empereur en partit pour revenir en France; mais, quelle que soit la véracité de l'historien, il est permis de croire le contraire en lisant ce qu'on écrit :

1° Le baron Fain, tome II, pages 420 ou 424. Il cite, il est vrai, d'après M. Las-Cazes et le général Montholon, les paroles prononcées à Sainte-Hélène, ce qu'il n'aurait pas fait, si elles n'avaient été la reproduction fidèle de ce qu'à Smorgoni l'Empereur dit à ses lieutenants. Sa position de secrétaire de l'Empereur lui permettait d'être fixé sur ce sujet.

2° Le baron Denniée. On lit, page 167 : « l'Empereur, avant de s'éloigner, assembla les maréchaux et les généraux en chef, auxquels il retraça dans une longue et vive allocution les événements qui avaient précédé et accompagné la campagne.

3° Le général de Ségur, tome II, page 370, le général Jomini, tome IV, page 206, s'expriment de la même manière.

4° M. Thiers, tome XIV, page 650. S'il ne donne pas textuellement les paroles, c'est du moins la pensée toute entière. Les mêmes faits y sont reproduits; et d'ailleurs, à Smorgoni, le langage de l'Empereur ne put être différent de celui de Sainte-Hélène, car ces faits étaient trop notoires pour qu'en 1812 l'Empereur, au moment de quitter son armée, n'en expliquât pas toute la gravité à ses lieutenants.

Le général de Chambray n'a pas écrit, il est vrai encore, un seul mot là-dessus; mais on peut être certain que, si les graves paroles de l'Empereur n'avaient été prononcées qu'à Sainte-Hélène, il n'aurait pas manqué de signaler ce fait important, à peu près comme le lieutenant-colonel de Baudus, car il y a une grande analogie entre ces deux historiens dans leur manière d'apprécier et de blâmer l'Empereur.

Quant à ces mots : *trahison et honteux mystères*, dont se sert le lieutenant-colonel de Baudus pour appuyer son opinion, et qui, suivant lui, sont un anachronisme, il aurait dû savoir que, si l'Empereur ignorait en 1812 la conduite que tiendrait le corps prussien 25 jours après son départ de Smorgoni, ce n'est point *injustement et sans la moindre apparence de raison*, que ces expressions se sont présentées à sa pensée en 1813 et 1814, comme il le prétend, puisque dans les pages 375 et 376 il stigmatise cruellement la conduite du général d'York. D'après lui, « tous les principes de morale ne permettent pas de la qualifier autrement que de trahison. »

« Il fut le premier à donnner l'exemple honteux de ces défections sur le champ de bataille, exemple imité depuis par l'armée Saxonne en masse dans les champs de Leipsick. »

Ainsi, c'est le lieutenant-colonel de Baudus qui se prononce avec tant de force et de vérité sur l'acte honteux du général d'York, et qui dit, d'un autre côté, que c'est fort injustement et sans la moindre apparence de raison, qu'en 1813 et 1814 il a pu se présenter à la pensée de l'Empereur. L'historien aurait bien dû faire accorder ces deux appréciations si différentes.

Si, en 1812, l'Empereur ignorait ce que feraient les troupes prussiennes, il n'en était plus de même pour les Autrichiens. Est-ce qu'à Wilna il n'écrivait pas, le 11 juillet, une lettre au prince Berthier où l'on trouve ces mots : « Il est convenable que ce soit « le général Reynier qui reste en observation pour

« couvrir le grand duché de Varsovie et non le prince
« de Schwartzenberg, qui se portera sur Neswij, et
« ensuite sur la Dwina : *bien des raisons me déter-*
« *minent sur ce sujet.* » Si, au mois de juillet, l'Empereur voulait attirer à lui le général autrichien, c'est
que déjà il avait des appréhensions sur son compte ;
appréhensions qui ne firent que s'augmenter par suite
de l'inaction dans laquelle il resta pendant que la
grande armée marchait sur Moskou, et surtout par
cette inqualifiable conduite qui l'empêcha d'être avant
la fin de novembre sur la Bérézina, où sa présence
eût été d'un si grand secours. Et l'on voudrait qu'après
le passage de cette rivière, l'Empereur, si bon juge
de toute opération militaire, ne se soit pas servi à
Smorgoni des mots *trahison et de honteux mystères*
qu'on saura peut-être un jour. On les connaît aujour-
d'hui, car M. Thiers, dans son XIIIe volume, page
497, apprend au monde entier que les Autrichiens
n'étaient pas des alliés sincères.

D'après ces observations, il paraîtra certain que le
lieutenant-colonel de Baudus s'est trompé dans ce
qu'il a écrit sur l'incident de Smorgoni. Erreur qu'on
doit croire volontaire, afin de pouvoir se servir du
mot mensonge, et qui est suivie de quelques réflexions
sur l'empereur Napoléon dont nous nous abstiendrons
de parler, tant elles dépassent tout ce qu'on devait

attendre d'un historien, officier français. Toutefois, nous transcrivons des extraits de ces réflexions pour que le lecteur puisse connaître les pensées intimes de leur auteur.

« A Sainte-Hélène, pour consoler son amour-propre, l'Empereur s'est efforcé, par de misérables subterfuges, de démontrer qu'il n'avait pas fait de fautes, lorsque sa cruelle situation, dans le lieu où il dictait ces lignes, témoignait si éloquement de toutes celles qu'on était en droit de lui reprocher. »

« C'est sa position d'*usurpateur* qui le força dans les grandes crises d'être à la fois et à l'armée et à Paris.

« La reconnaissance pour tant de sacrifices que la France avait faits à sa cause n'a pu vaincre dans son âme *cet infernal sentiment d'orgueil* auquel il a constamment tout sacrifié pendant son existence politique. »

« Cet homme cherchera à faire croire que, s'il eût été présent, les désastres qui accablèrent l'armée après son départ de Smorgoni n'auraient pas eu lieu. Un tel excès *d'orgueil* ou plutôt de *fausseté* fait mal; il n'y a pas d'expression assez énergique pour la *stigmatiser*. »

« Napoléon ne fut grand que pendant le temps fixé dans le conseil du roi des rois, que jusqu'au moment dont il était dit : « *Mais voilà que le Seigneur , le Dieu des armées va briser ce vase d'argile , qui ne fut qu'un instrument dans les mains de la Providence.* » Que les Français ne l'oublient pas ! Dans notre pays *l'usurpation* ne peut se maintenir contre la légitimité , et en résumé aucune n'y est viable , puisque celle qui , pendant quinze ans a été entourée d'une immense auréole, ne l'a pas été. »

A ces conseils, menaces ou appels faits aux Français , ils y ont répondu en 1852. C'est tout ce qu'on peut dire au lieutenant-colonel de Baudus.

Le général de Ségur :

Sa narration du passage de la Bérézina, ne renfermant aucune erreur importante sur les mouvements que les troupes exécutèrent dans les journées des 27 et 28 novembre, nous n'en parlerons pas. Il en sera de même pour les détails plus ou moins exagérés et plus que romantiques dans lesquels il entre sur ce fameux passage. Le général Gourgaud dans son examen critique en a fait bonne justice.

Ainsi que nous l'avons dit autre part, le général de Ségur convient que l'Empereur réunit à Smorgoni ses lieutenants et leur fit une vive allocution ; mais s'il ne dit pas, comme le général de Chambray, que la défection d'York était louable et naturelle, il prétend cependant qu'il y eut de la part de ce dernier *défection et non trahison.* Ainsi que l'a fait observer avec juste raison le général Gourgaud, il y a sur ce sujet une singulière distinction grammaticale entre défection et trahison. » Distinction d'autant plus étonnante que la défection eut lieu en face de l'ennemi, et que tout ce que le général de Ségur a écrit sur cet événement, dans les chapitres VI, VII et VIII du IIe volume, porte le cachet de la plus indigne trahison, mot dont il se sert plusieurs fois pour qualifier la conduite du général prussien. Mais ce qui étonne davantage, c'est que sa narration se retrouve en partie dans celle de M. Thiers. Si ce ne sont pas les mêmes mots, ce sont en quelque sorte les mêmes faits, parmi lesquels nous trouvons ceux-ci : « Les Prussiens auraient pu enlever le maréchal Magdonald, et ne voulurent le quitter qu'ils ne l'eussent, pour ainsi dire, tiré de la Russie, et qu'il fût en sûreté. »

Dans nos observations relatives à ce que M. Thiers a écrit sur le même sujet, nous croyons avoir établi que si le maréchal Magdonald ne s'était hâté de quitter Tilsit pour gagner Kœnigsberg, au lieu d'être en sûreté, il eût été très-gravement compromis. Comme des historiens sérieux l'affirment, on est surpris que dans cette occasion et dans quelques autres, M. Thiers se soit servi de l'ouvrage du général de Ségur, supérieurement écrit, il est vrai, mais n'ayant pas la moindre valeur historique pour les militaires qui ont fait la campagne de Russie. Leur opinion va même plus loin, ils prétendent, et avec raison, que c'est un pamphlet contre l'Empereur, car dans un grand nombre de passages où le général de Ségur fait l'éloge du grand capitaine, quelque pompeux que soit cet éloge, il est presque toujours suivi d'une restriction malveillante. Nous l'avons déjà démontré dans le *Journal des Sciences militaires*, tome V, 1855.

Le maréchal Gouvion-Saint-Cyr :

Dans nos observations sur la retraite du prince de Schwartzenberg, nous avons dit que le maréchal Saint-Cyr trouvait, « qu'il était impossible d'expliquer la direction de cette retraite par les règles de la stratégie, *ou même du simple bon sens.* »

Appréciant avec la même sévérité la conduite que tint le général autrichien pendant le repos de quinze jours qu'il donna à ses troupes, dans le moment où Tschichagof se disposait à se porter sur Minsk, et s'y portait, le maréchal fait ressortir combien elle est condamnable, car, dit-il, tome III, page 215, « puisqu'il n'était plus possible au prince de revenir *du funeste parti* qu'il avait pris de se retirer ainsi qu'il l'avait fait, tout pouvait encore se réparer. L'on pensait qu'il saisirait l'occasion d'essayer le bâton de maréchal que venait de lui accorder son souverain sur la recommandation de l'empereur Napoléon ; mais il n'en fit rien, et néanmoins, pendant ces quinze jours de repos, il dut voir les dangers auxquels sa manière d'opérer exposait l'armée française. Quoique pressé par les instances de M. Maret, s'il 'se décida à se mettre en mouvement pour suivre son adversaire sur Minsk, puisqu'il *n'avait pas voulu l'y précéder :* sa décision était trop tardive ; Tschichagof avait gagné quelques marches sur lui. »

Passant ensuite aux luttes sur la Bérézina, le maréchal Saint-Cyr les explique parfaitement en quelques mots fort justes. Il fait remarquer, page **227**, « que si la division Partouneaux fut sacrifiée, c'est qu'il y avait nécessité, car à la guerre on voit, pour sauver un régiment, sacrifier un escadron ou un bataillon ; un régiment ou une brigade pour sauver une division ou un corps d'armée ; et enfin une division pour sauver l'armée. Dans le cas actuel, la division Partouneaux, en séjournant à Borisow, forçait Tschichagof à tenir devant elle des troupes qu'il ne pouvait employer dans la lutte contre le maréchal Oudinot. Ce motif paraît suffisant pour autoriser l'ordre qu'il avait reçu. »

Dans nos précédentes observations, nous pensons avoir démontré, par l'exposé des divers faits relatifs à cet événement, que la division Partouneaux ne fut point sacrifiée. Mais admettant le contraire, voilà du moins un historien, homme de guerre très-compétent pour bien juger de semblables questions, qui ne blâme point comme d'autres historiens, et ne dit pas que l'ordre donné à la division Partouneaux *était une précaution inutile et par conséquent barbare;* il prouve au contraire qu'elle était une de ces dures nécessités qui se présentent à la guerre et à laquelle il ne faut pas hésiter de se soumettre.

Dans sa narration de la lutte sur la rive gauche de la Bérézina, le maréchal Saint-Cyr a commis une faute en écrivant, tome III, page 230 : « Le maréchal Victor resta sur la rive gauche pour protéger le passage aussi longtemps qu'il le put, sans compromettre l'existence de son corps d'armée, et il repassa sur la rive droite sous la protection des batteries de la garde impériale. »

Cette version fait croire que le maréchal Victor passa la Bérézina dans la journée du 28, avant la nuit, et sous la canonnade, quand au contraire il commença à 9 heures du soir son mouvement de retraite, qui fut terminé le 29 à une heure du matin, sans que les batteries de la garde impériale intervinssent pour le protéger, puisque c'est le 28, à 4 heures du soir, que le feu cessa de part et d'autre.

Nous remarquons encore, page 231, une autre

erreur. Le maréchal a écrit : « L'Empereur n'accorda pas même la nuit du **28** au **29** aux troupes exténuées : aussitôt après l'affaire de Brilowa, il les remit en marche dans la direction de Wilna. On reconnut d'abord avec une vive satisfaction que l'ennemi n'avait pas brûlé les ponts de bois qui traversent les marais. »

A l'exception des troupes du maréchal Victor qui passèrent dans la nuit de la rive gauche sur la rive droite de la Bérézina ou elles s'arrêtèrent, toutes les autres bivouaquèrent sur la rive droite dans les positions qu'elles occupaient à la fin de la journée du **28**. C'est seulement le **29**, au jour, et après le départ de l'Empereur de Zaninski, qui eût lieu à six heures du matin, qu'elles se mirent en marche. Le maréchal Ney était chargé de l'arrière-garde. On n'éprouva point la satisfaction dont parle le maréchal, parce qu'on savait que, dès le **26**, le maréchal Oudinot avait fait garder les ponts sur les marais, ce qui assurait le passage de l'armée. Ces erreurs sont de bien peu d'importance, il est vrai, mais en raison de la position élevée de l'historien et du mérite de ses mémoires, nous avons cru devoir les signaler.

Quant à son examen des luttes sur la Bérézina, le maréchal Saint-Cyr, page **228**, prend la défense de Tschichagof, « qui, selon lui, a exécuté seul les dispositions que lui prescrivaient ses instructions. »

Pour Koutousoff, il le condamne en écrivant, page
287 : « que non-seulement il commit la faute de s'arrêter sur le Dniéper, mais encore qu'il facilita le
passage de l'armée française par le faux mouvement
qu'il fit exécuter à Tschichagof. Cette dernière faute
paraît au maréchal la plus grave, et peut-être la seule
que ses compatriotes ne pourraient excuser ; mais en
faveur d'événements aussi heureux pour les Russes,
on ne lui reprocha rien, on lui décerna au contraire
toute la gloire de la campagne, et les plaintes au sujet
du passage de la Bérézina ne tombèrent que sur
Tschichagof, celui des généraux russes qui méritait
le moins de reproches, puisqu'il était le seul qui eût
ponctuellement exécuté ses instructions. »

En lisant ces appréciations et ce que le maréchal
Saint-Cyr a écrit sur le passage de la Bérézina, on
éprouve une satisfaction d'autant plus vraie, que les
faits sont présentés simplement, et qu'on n'y trouve pas
ces continuelles récriminations contre l'Empereur,
dont tant d'autres historiens n'ont pas été avares.

Le général de Bismark :

Nous avons dit dans nos observations sur la retraite
du prince Bagration (*Journal des Sciences militaires,*
tomes V, VI et VII, 1855), que le général de Bismark
est trop favorablement posé dans l'esprit de ceux qui
lisent ses écrits militaires, pour que nous n'ayons pas

scrupuleusement examiné et comparé ses remarques sur cette retraite, remarques dans lesquelles nous avons relevé quelques erreurs. C'est le même motif qui nous guide pour le passage de la Bérézina, et quoique celles qu'il a commises dans la narration de cet événement soient moins importantes, nous devons cependant les signaler.

On lit dans le *Spectateur militaire*, tome XLIV, pages 281, 282, 283.

« Le froid, devenu subitement très-rigoureux, rendit très-difficile l'établissement, sur la Bérézina, de deux ponts en bateaux. »

On ne comprend pas comment l'historien a pu écrire deux ponts en bateaux au lieu de deux ponts sur chevalets, à moins toutefois que ce ne soit une faute du traducteur des mémoires du général, qui ont paru en langue allemande.

En parlant de la perte de la division Partouneaux, il dit : « Cette division dut se rendre prisonnière à l'exception de la brigade Delaitre, qui, ayant pris un autre chemin, parvint à rejoindre le gros de l'armée. » — Au contraire, la brigade de cavalerie Delaitre (3 à 400 chevaux) fut faite prisonnière avec les brigades d'infanterie Camus, Billiard et Blamond. C'est un bataillon du 55ᵉ de ligne (300 hommes) commandé par le chef de bataillon Joyeux, qui, à la sortie de

Borisow, ayant pris la route de gauche longeant la
Bérézina, celle qu'avait suivie l'armée, parvint à gagner
Studianka.

« Enfin, le 28 novembre à 9 heures du soir, Victor
effectua son passage et brûla immédiatement les
ponts. » — Erreur! Les ponts ne furent brûlés, par
les ordres du général Eblé, que le 29 à 8 heures et
demie du matin.

« Le 29, à 6 heures du matin, Napoléon quitta les
bords de la Bérézina. Ney le suivit 12 heures plus
tard, et le maréchal Maison prit le commandement de
l'arrière-garde. »

Il ne peut y avoir ici qu'une faute d'impression, car
il est certain que le maréchal partit 2 heures et non
12 heures après l'Empereur. Autrement, il n'aurait pas
détruit les ponts de Zimben, comme il le fit dans la
journée même. et ne se serait point trouvé, vers 4 heures du soir, en position de l'autre côté de cette ville.

Si nous parlons de ces erreurs, du reste assez insignifiantes (notre devoir étant de les relever, surtout
quand elles sont d'un historien de mérite), d'un autre
côté, nous devons faire remarquer que le général de
Bismark approuve le 29e bulletin de l'Empereur en
écrivant, page 287 : « Les détails qu'il contenait sur
la situation de l'armée étaient d'une vérité sublime. »
Il cite ensuite le passage de ce même bulletin commen-

çant par ces mots : « Des hommes que la nature n'a
pas trempés assez fortement pour être au-dessus de
toutes les chances du sort et de la fortune, etc., »
lequel passage a si fortement excité l'indignation du
général de Chambray ; tandis qu'en parlant de ceux
« qui virent une gloire nouvelle dans des difficultés
différentes, » le général de Bismark ajoute ces mots :
« La gloire dont ils se sont couverts les console des
souffrances qu'ils ont héroïquement supportées. »

Relativement à ce qui se passa le 5 décembre à
Smorgoni, l'historien, bien loin de nier le fait, reproduit au contraire les paroles de l'Empereur, « qui
recommanda à ses lieutenants de rester unis, d'obéir
au roi Murat comme à lui-même ; puis, après les avoir
embrassés (ce que confirme M. Thiers, tome XIV,
page 650), il se mit en route à 10 heures du soir par
28 degrés Réaumur de froid. »

Quant au prince de Schwartzenberg et au général
d'York, voici, pages 286 et 287, comment l'historien
s'exprime sur leur compte : « Koutousoff envoya au
prince de Schwartzenberg M. d'Austett, diplomate
habile. Le prince, au lieu de couvrir Varsovie, ainsi
que l'Empereur le lui avait ordonné, ouvrit des négociations avec M. d'Austett, et rentra en Autriche par
la frontière de la Galicie. »

Passant au général d'York, il qualifie sa conduite

de déloyale et il affirme « que la désertion de ce général acheva de ruiner les affaires de Napoléon et mit
le comble à ses désastres. »

L'historien finit sa narration par ces remarques,
pages 291 et 292.

« Ainsi se termina la guerre de 1812.

« Ce ne furent pas les armées d'Alexandre, mais
bien les rigueurs excessives d'un hiver prématuré qui
triomphèrent du génie de Napoléon : Ses calculs furent justes jusqu'à la minutie et sa prévoyance irrépro-
chable. Nous l'avons vu nous-même, dans le cours de
ce récit, à Witebsk, peser toutes les chances de ses
combinaisons.

« Mais rien n'arrête la marche du temps. A Smolensk, il avait accompli une partie de sa tâche. Son
plan de campagne était admirable ; il se voyait au
bout de ses efforts... Mais l'avenir est impénétrable. »

« L'été est trop court en Russie pour pouvoir me-
ner à terme des opérations offensives au milieu des
immenses déserts de ce pays ; l'hiver y est trop long
pour en recueillir les avantages : une armée victorieuse ne pourrait même, dans cette saison, parvenir
à des résultats importants. Ce héros, jusqu'alors invin-
cible, fut vaincu par le sort et non par la puissance
d'Alexandre. »

» L'hiver fut pour ce prince un formidable allié ;

mais il lui vendit cher son irrésistible appui, car, à
son arrivée sur le Niémen, les quatre cinquièmes de
l'armée russe se trouvaient anéantis. »

« Alexandre était vainqueur ; mais la crainte que
lui inspirait *son rival abhoré ne s'évanouit qu'à Sainte-
Hélène, quand il le sut enchaîné sous les verroux de
son geôlier Hudson Lowe.* »

Et c'est un étranger, un Wurtembourgeois, le lieu-
tenant-général de Bismark, historien militaire, qui a
fait dans nos rangs la guerre de Russie, où il a été
acteur vigoureux et témoin intelligent, qui, depuis
cette époque, a rempli les fonctions de ministre du roi
de Wurtemberg près les cours de Prusse, de Saxe et
de Hanovre, où il a pu compléter et fixer son opinion
sur cette mémorable campagne ; c'est cet étranger,
disons-nous, qui fournit dans ses mémoires de précieux documents, ne craint pas d'y faire l'éloge de
l'empereur Napoléon et de dire sa pensée tout entière
sur son adversaire, l'empereur Alexandre, quand des
historiens français semblent avoir mis leur satisfaction
à tenir un langage si différent du sien. De quel côté
est le beau rôle ? Le cœur du vieux soldat ne s'y
trompe pas, et il en est péniblement affecté.

Le général de Fézensac :

Dans son journal de la campagne de Russie en **1812**,
la narration qu'il donne du passage de la Bérézina

n'appellerait aucune observation de notre part si elle ne renfermait quelques erreurs qu'on ne peut accepter.

Page 126 : « Suivant lui, à la Bérézina, l'armée française s'élevait à 50 000 combattants et 5000 cavaliers, tandis que, le 26 au matin, elle n'était réellement que de 30 700 hommes, dont 4000 de cavalerie. Différence en moins de 25 000 soldats qui eussent rudement pesé sur les Russes, s'ils avaient été sous les drapeaux. »

Page 127 : « L'Empereur prit le parti de passer la Bérézina à Wésélowo, parce que le terrain nous favorisait, les hauteurs de notre côté dominaient la rive opposée, et c'est là que le passage s'effectua. »

Le 23 novembre, à une heure du matin, l'Empereur indiquait bien, dans la lettre qu'il écrivait au maréchal Oudinot, le gué de Wésélowo, à 25 kilomètres de Borisow, pour y faire construire des ponts · mais alors il ignorait qu'il y avait un autre gué plus favorable, celui de Studianka, à 20 kilomètres de Borisow, qui offrait les avantages que l'historien attribue à tort à celui de Wésélowo. C'est donc Studianka qui fut choisi. Cette erreur assez importante est d'autant plus à signaler que le général de Fézensac est le seul des historiens qui l'ait commise.

Page 132 : « Le maréchal Victor, attaqué le 28 au matin près de Wésélowo, déploya dans sa résistance

tout ce que peuvent inspirer le talent et la valeur, mais
il ne put empêcher que, vers le soir, l'artillerie russe
prît une position avantageuse d'où elle foudroya cette
masse confuse qui couvrait la plaine. Le désordre fut
alors à son comble. Il était nuit; le 9ᵉ corps se défen—
dait encore. Bientôt, repliant successivement ses troupes, le maréchal Victor se fit jour jusque sur le pont,
le passa précipitamment et y mit le feu. Les morts
et les mourants qui le couvraient furent engloutis dans
les flots, et tous ceux qui étaient sur l'autre bord
tombèrent au pouvoir de l'ennemi ainsi que beaucoup
d'artillerie.... »

Paragraphe inexact, car c'est le **28**, à près de
10 heures du matin, et non vers le soir, que l'artillerie
foudroya cette masse confuse qui encombrait les abords
du pont.

A en croire l'historien, la lutte continua jusque
dans la nuit, et le maréchal Victor, toujours en combattant, se serait fait jour vers le pont, l'aurait passé
précipitamment, et y aurait mis le feu; quand au
contraire le combat finit à quatre heures de l'après-
midi, et le 9ᵉ corps resta sous les armes sans se battre
jusqu'à neuf heures du soir, moment où il commença
tranquillement sa retraite qui fut terminée à **1** heure
du matin. Comme nous l'avons dit autre part, le **29**,
à huit heures et demie du matin, le général Eblé fit

mettre le feu aux deux ponts, et non à un seul, couverts de morts et de mourants, ainsi que l'a écrit à
tort l'historien. Les Russes ne prirent sur la rive
gauche que trois canons abandonnés et non beaucoup
d'artillerie.

Il est vraiment inconcevable qu'en 1850, époque
où a paru son livre, venu longtemps après tant de
relations sur la campagne de Russie, l'historien ait été
encore assez mal renseigné pour commettre les erreurs
dont nous venons de parler, lesquelles ont une importance d'autant plus grande, que le nom et la position
du général de division Fézensac donnent de la valeur
à son journal de la campagne de Russie.

Le maréchal Marmont.

Le VIII⁰ volume de ses mémoires renferme le
récit de la visite qu'il fit, en 1820, du champ
de bataille de la Bérézina, au retour de son am-
bassade extraordinaire à Saint-Pétersbourg, où il
représentait la France au couronnement de l'empereur
Nicolas. On devait croire qu'étant sur ces lieux fameux et ayant entre les mains les relations des généraux de Chambray, de Ségur et du colonel Boutourlin, relations dont il s'était déjà servi peu de jours au-
paravant en visitant le champ de bataille de la Moskowa, que ce qu'il écrirait sur le passage de la Bérézina
serait exempt d'erreurs; mais loin de là, le perpétuel

dénigrement dont fourmillent ses mémoires, lui a fait rejeter les narrations du général de Chambray et du colonel Boutourlin, pour prendre celle si fantasmagorique et si inexacte du général de Ségur. De là les fausses appréciations qu'on va lire.

Page 145. « La poursuite des armées de Koutousoff et Wittgenstein fut molle et timide. L'armée française, si peu en état de combattre, eût été précipitée dans la rivière si elle eût été attaquée avec un peu de vigueur. »

S'il est vrai que la poursuite de Koutousoff et de Wittgenstein ne fut pas ce qu'elle aurait pu être, le véritable motif se trouve dans la crainte, le mot est juste, que les généraux russes avaient de l'empereur Napoléon, crainte qui paralysa constamment leur action. A cet égard, on aura beau écrire bien des phrases pour prouver le contraire, on ne changera pas la nature d'un fait qui est constant pour tout esprit impartial. Le maréchal Marmont qui le savait parfaitement, puisqu'il emploie le mot timide, ne devait donc pas écrire que l'armée française, si peu en état de combattre, pouvait être précipitée dans la rivière, car il n'ignorait pas non plus que, malgré la vigueur de leurs attaques, souvent renouvelées, les 30 000 combattants de Wittgenstein ne purent, le 28, précipiter dans la rivière les 4800 hommes du maréchal Victor. Et cependant, quelle disproportion énorme dans le nombre et quelle différence dans la situation physique, mais non morale, entre les deux parties adverses, ce qui prouve, contre l'opinion du maréchal Marmont, que les soldats du 9ᵉ corps étaient admirablement en état de combattre.

« Mais une chose inexplicable, c'est la conduite tenue par l'amiral Tschichagof qui, avec une belle armée intacte, était placé sur la rive droite de la rivière. Au moment même où il voyait l'armée française occupée de préparer son passage et des travaux préliminaires, il donna l'ordre à la division Tschaplitz, placée en face, de s'éloigner, et en partant il ne fit pas brûler les ponts établis sur les marais de la route de Wilna. »

Pour ce paragraphe, c'est de même au général de Ségur qu'il emprunte sa narration, autrement il n'aurait pas écrit que la conduite de Tschichagof est inexplicable, car il devait savoir que c'est sur les avis de de Wittgenstein et les ordres de Koutousoff, corfirmés en quelque sorte par les nombreuses démonstrations que le maréchal Oudinot et l'Empereur firent faire au-dessous de Borisow, que l'amiral s'éloigna, le 25, de cette ville avec une partie seulement de ses troupes. Pendant cette journée, le général Tschaplitz resta dans sa position devant Studianka, et c'est le 26, de très-bonne heure, qu'il fit un mouvement dans la direction

de Borisow, lequel n'eut pas de suite, puisque le général revint en toute hâte vers sa position de la veille
et qu'il s'y trouvait avec sa division au moment où le
maréchal Oudinot traversait la Bérézina. Attaqué par
celui-ci dès qu'il eut terminé son passage, il fut mené
si rudement jusqu'à Stakow, qu'il oublia ou qu'il lui
fut impossible de diriger quelques troupes sur Zembin, ce dont profita son adversaire pour envoyer un
détachement s'emparer de cette position si importante.
De son côte, l'amiral revenait aussi en toute hâte à
Borisow et y arrivait assez à temps pour faire filer vers
Stakow la division Palhen. Ces deux divisions réunies prirent l'offensive et ne purent chasser le maréchal Oudinot de la position qu'il venait de prendre
en avant de Brilowa. Ces faits, confirmés par le général de Chambray et le colonel Boutourlin, contredi-
sent formellement le récit du maréchal Marmont.

« La destruction de ces ponts eût suffi pour mettre
un obstacle insurmontable à la marche de l'armée après
son passage de la Bérézina. Elle eût été alors détruite
sans combat; car une fois établie sur la rive droite,
elle était dans l'impossibilité aussi bien d'avancer que
de reculer. »

Toujours la narration du général de Ségur, car s'il
n'en était pas ainsi, comment le maréchal Marmont,
homme de guerre très-capable, ce qu'on ne peut con-

tester, aurait-il dit que l'armée française une fois sur la rive droite eût été détruite sans combat? Quelles forces auraient donc obtenu un si magnifique résultat? Ce ne sont pas certes les 30 000 combattants de Tschichagof, puisque, pendant la journée du 28, cette masse échoua contre les 8 à 9000 soldats d'Oudinot et de Ney, et fut toujours repoussée, avec des pertes très-sérieuses, toutes les fois qu'elle voulut rejeter ses adversaires vers la Bérézina. Qu'aurait-ce donc été si toute l'armée avait été réunie sur la rive droite, car on ne peut douter que l'Empereur, apprenant, le 26, la destruction des ponts de Zembin, n'eût aussitôt ordonné à toutes ses troupes encore en arrière, de s'avancer rapidement vers Studianka pour y passer la Bérézina, ce qu'on aurait exécuté dans les journées du 26, du 27, et dans la nuit du 27 au 28. Dès lors la division Partouneaux ne serait point restée devant Borisow, et le 9ᵉ corps, tout entier, aurait fait sa jonction sur la rive droite avec le reste de l'armée. Réunie et animée par la présence de l'Empereur, qui, dans ce moment suprême, aurait sacrifié les traînards, elle se serait alors précipitée tête baissée sur Tschichagof, l'aurait rejeté vers Borisow, où sans nul doute il eût éprouvé une terrible défaite, avant même de pouvoir être secouru par Koutousoff, trop éloigné de lui, et par Wittgenstein, qui, ne pouvant passer la rivière à

Studianka, dont on aurait détruit les ponts, n'eût pas été plus heureux à Borisow, où Tschichagof aurait été serré dans une étreinte de fer. Ces résultats obtenus, et ils l'eussent été, l'Empereur aurait pu prendre alors la route de Borisow à Minsk.

En examinant et récapitulant toutes ces chances de réussite, il semble qu'on éprouve un sentiment de regret de ce que les ponts de Zembin aient été conservés. Si le maréchal Marmont avait écouté ses bons sentiments, il est présumable que telle eût été sa pensée; dans ce cas, il n'aurait pas écrit « que l'armée française étant sur la rive droite y eût été détruite. »

« Un enchaînement de circonstances si extraordinaires autorisa Napoléon à croire, malgré tant de maux ressentis, que son étoile n'avait pas renoncé à le protéger. »

Ici encore la version du général de Ségur.

Si l'Empereur avait foi en son étoile, nous ne pensons pas qu'il y ait songé à la Bérézina, car dans ce moment, comme dans ceux qui l'avaient précédé, depuis le commencement de la retraite, tout ce qui s'était passé lui avait prouvé que les Russes ne pouvaient arrêter sa marche. Tant de combats glorieusement et favorablement livrés, lui indiquaient que le succès n'était point dans son étoile, mais dans ses bonnes dispositions et dans le dévouement héroïque de ses soldats. Quoiqu'il en soit, s'il y eut une étoile pour lui et si elle existe encore, il est certain qu'elle doit être bien brillante et que sa lumière ne fera que s'accroître d'âge en âge. Pourrait-on en dire autant de celle du maréchal Marmont? Aussi, quelle que soit la peine qu'il s'est donnée dans ses mémoires pour en rehausser l'éclat, ses efforts ont été impuissants, puisque ces mêmes mémoires font sa condamnation. Comment en serait-il autrement? Est-ce que son orgueil n'y prédomine pas sur tout le reste? Est-ce que tous ses compagnons d'armes n'ont pas toujours fait des fautes, tandis que lui, maréchal Marmont, a tout prévu, tout bien jugé et tout bien exécuté? Est-ce que sa conduite de 1815 n'y est pas tracée, de sa propre main, en traits ineffaçables, qui font de son nom un stigmate?

Le commandant E. Labaume. — Réné Bourgeois. — Le général Sarrazin. — De Puibusque. — De Beauchamp. — Durdent. — Sir-Robert-Ker-Porter.

Nous n'inscrivons ces noms que pour mémoire, parce que leurs relations sur le passage de la Bérézina sont si extraordinaires, qu'il faut véritablement du courage pour lire en entier ce qu'elles renferment, non-seulement d'inexact, mais encore d'ignoble. Récits qu'on ne se sent pas la force de réfuter. Celui, surtout, de l'anglais Ker-Porter dépasse tellement les bornes, qu'il fait naître un profond dégoût, et qu'on se demande si c'est bien un Français, un M***, qui a pu le traduire. Certainement le sang gaulois ne coulait pas dans les veines de ce traducteur, car autrement sa plume se serait refusée à reproduire, dans notre langue, les injures que l'historien anglais verse à pleines mains sur l'empereur Napoléon et sur ses vaillants soldats. Mais une remarque que nous devons présenter, c'est que, dans divers passages de son ouvrage, il s'est inspiré de celui du commandant E. Labaume, et qu'il en a reproduit textuellement des fragments, afin de donner plus de valeur au sien. Il en a fait de même pour la relation de Réné Bourgeois. Nous avions donc raison en disant, dans de précédentes observations, que nous nous serions abstenu de parler de l'histoire du commandant E. Labaume, si elle n'avait pas été publiée une des premières, et si des historiens sérieux ne s'en étaient servis dans ce qu'ils ont écrit sur cette glorieuse et mémorable campagne de Russie.

Le général Jomini :

La narration qu'il a faite du passage de la Bérézina ne demande aucune réponse de notre part, puisque, moins injuste que d'autres historiens, il donne à chacun ce qui lui appartient, et que, selon lui : « Chefs et soldats furent admirables. Sur les deux rives Polo-

nais, Allemands et Français se couvrirent de gloire à
l'envi les uns des autres. Par leur héroïque résistance,
ils arrêtèrent l'ennemi qui s'était vainement flatté de
les jeter dans la rivière. » Ces quelques mots indique-
ront ce qu'il pensait du passage de la Bérézina; mais
comme à la suite de ce qu'il en a écrit, il présente,
tome IV, page 206 et suivantes, le résumé, divisé en
plusieurs paragraphes, des principaux incidents de
l'expédition de Russie, résumé qui est en harmonie
avec la manière dont cet historien sait apprécier les
faits militaires, nous croyons qu'il est utile d'en reproduire quelques extraits avec des observations qui nous
paraissent nécessaires.

1° « L'historien dit que les partisans de l'empereur Napoléon ont répété à satiété que c'est au froid
précoce et excessif qu'on doit les désastres de l'armée;
il prétend que ce n'est pas la vraie cause, puisque le
froid en Russie n'excéda point celui de la campagne
d'Eylau (1807), où l'armée française ne se désorganisa pas, tandis qu'il en fut autrement en 1812,
parce que le dénûment, la misère et la maraude
qu'elle entraîna, mirent le désordre dans les régiments. Il aurait fallu s'arrêter huit jours dans un
camp retranché, pourvu de bons magasins pour se
rallier. Smolensk n'ayant point offert ce point d'appui,
tout fut perdu. »

Nous ferons cependant observer que si les partisans de l'Empereur ont attribué au froid la grande part qu'ils lui donnent dans le désastre de Russie, ils ne disaient que la vérité, puisqu'ils avaient écrit que la faim, les marches les bivouacs et la misère avaient mis l'armée hors d'état de supporter une température beaucoup trop rigoureuse pour des corps exténués et ayant à peine la force de se traîner. Autrement, elle aurait résisté à un froid bien plus rude que celui qui pesait sur elle, comme elle avait résisté dans la campagne de 1807, parce qu'alors l'armée était dans un pays de ressources, qu'elle sortait naguère de ses cantonnements, que ses marches vers l'ennemi se faisaient tranquillement, et que ses bivouacs, malgré le froid, étaient un repos, tandis que, dans la retraite de Russie, c'était tout le contraire.

2° « L'Empereur ne voulait pas dépasser Smolensk; mais l'impossibilité de vivre sur place avec 250 000 hommes dans un pays peu peuplé et dévasté, le mit dans la nécessité de retourner sur ses pas ou d'aller en avant. C'est à ce dernier parti qu'il s'arrêta, etc. »

Ces motifs ne paraîtront pas sans doute assez concluants pour justifier la détermination d'aller en avant. Cependant nous devons dire que, dans le même volume IV, mais pages 91 et 92, le général Jomini en

avait présenté d'autres d'une bien plus grande valeur
et qui établissent que la marche sur Moskou était une
nécessité. En voici un abrégé :

« Il était impossible de faire vivre l'armée stationnaire dans un pays dépeuplé et ruiné, à moins de la
faire cantonner très au large; ce qui ne pouvait avoir
lieu en face de l'armée russe encore intacte et pourvue
de tout. Revenir sur ses pas était aussi impossible,
car cette marche rétrograde perdait l'Empereur aux
yeux de l'Europe. Alors, la Prusse et tout le nord de
l'Allemagne se seraient levés en masse, et tout l'é-
difice eût été compromis sans avoir, pour ainsi dire,
tiré l'épée. »

« Que l'Empereur en se portant en avant n'était
point entraîné par des illusions, mais parce qu'il avait
judicieusement calculé que les Russes comprenaient
qu'une bataille était devenue nécessaire; car la perte
de Smolensk avait jeté la consternation dans tout
l'empire, et qu'on ne pouvait sauver Moskou que par
une victoire. »

Ces observations, qu'on ne peut combattre, expli-
quent pourquoi l'Empereur se porta sur Moskou;
elles sont en quelque sorte confirmées par le colonel Boutourlin, tome Ier, pages 289 et 290. Si ce
ne sont pas les mêmes mots, c'est la même pensée.

3° « L'Empereur croyait livrer une bataille décisive entre Wilna et la Dwina; ce qui n'a pu avoir lieu. S'il avait pu donner une répétition d'Austerlitz ou de Friedland dans les plaines de Lithuanie, la Russie était soumise. »

4° « Le roi Jérôme a laissé échapper l'occasion de détruire Bagration, coupé par nos premiers mouvements. »

5° « Ce fut un grand malheur de n'avoir pu porter dans la Volhynie et la Podolie le corps de Poniatowski au lieu des Autrichiens. »

6° « La Lithuanie n'offrait aucune ressource, soit par suite de la mauvaise récolte de l'année précédente, soit par suite des réquisitions frappées pour remplir les magasins russes ; en sorte que l'armée française n'y trouva absolument rien. » L'historien aurait dû ajouter que les Russes détruisaient tout en se retirant.

7° « La grande quantité de bœufs qu'on avait achetés en Pologne et en Galicie ne purent arriver à temps et suffire à tous les besoins. Les immenses magasins de vivres amassés à Dantzick, et de là transportés à Kœnigsberg, étaient si éloignés qu'ils ne servirent pas dans le moment décisif où on en avait besoin. Ces magasins avaient été pourtant formés sur l'extrême frontière. Pour en faciliter les transports, d'énormes moyens avaient été créés. Que pouvait-on faire de plus? »

8° « L'Empereur est resté quinze jours à Wilna, au lieu de pousser à l'instant sur Glubokoë et Polotsk, ou de se rabattre sur Minsk contre Bagration. L'embarras des vivres et la crainte que Bagration ne filât sur les derrières de l'armée française pour regagner Drissa motivèrent ce séjour. »

9° « L'Empereur aurait dû profiter de la fausse direction que l'armée de Barklay prenait vers Drissa, pour déborder vivement sa gauche, la refouler sur la Baltique, où sa perte eût été certaine : c'était la partie principale, Bagration n'était qu'un accessoire. »

Au moment où l'Empereur était à Wilna, l'armée de Bagration n'était pas certes un accessoire, puisque l'historien convient qu'elle fut une des causes qui forcèrent l'Empereur de séjourner à Wilna. Il est en outre certain que tant qu'il ne saurait au juste ce que voulaient faire cette armée et les colonnes russes qu'il avait sur sa droite, il ne pouvait agir sérieusement contre l'armée de Barklay. Sans les pluies torrentielles qui, à la fin de juin, s'étendirent pendant trois jours sur toute la Lithuanie, ses admirables dispositions auraient donné de magnifiques résultats, car elles avaient jeté la plus grande confusion dans l'armée russe. Nous l'avons démontré dans nos observations sur la retraite du prince Bagration.

10° « A la Moskwa, l'armée française a combattu trop massée. Cette circonstance a empêché l'Empereur de déborder l'extrême gauche des Russes assez fortement par la vieille route de Smolensk. L'armée n'a pas donné le premier coup de collier avec assez d'ensemble. Outre cela, l'Empereur n'avait pas reconnu l'existence du corps de Touckzof vers Oustitza, ce qui changea les données de la première attaque. »

L'historien en écrivant ce passage aurait dû se rappeller : 1° qu'il y avait le 18° bulletin de la grande armée, celui relatif à la bataille de la Moskwa, qui explique les motifs pour lesquels l'Empereur, en massant l'armée sur le centre gauche, ne put déborder celle des Russes par la vieille route de Moskou ; 2° que les ordres de l'Empereur étaient formels pour que le premier coup de collier fût donné avec tout l'ensemble possible. Si cela ne put s'exécuter complétement, c'est que, d'une part, la perte des chefs de divisions Dessaix et Compans enleva cet ensemble qui devait amener la prise immédiate des redans, et que, dans ce cas, le maréchal Ney aurait suivi ses instructions en se portant au nord de Séménowskoï, dont il se serait emparé, au lieu de se jeter sur la droite ;

que d'autre part, la lenteur de la marche du prince
Poniatowski permit au prince Bagration de faire
venir en toute hâte à son secours, des environs
d'Ouslitza, la division Konownitzyn, laquelle exerça
une grande influence sur la suite de la bataille. Le
général Jomini en est lui-même convenu ; 3° qu'enfin,
par la faute du prince Eugène, qui ne fit point soutenir la division Morand, lorsqu'elle s'empara , dès
le matin, de la grande redoute, qu'elle dut abandonner, le général Koutousoff put envoyer de sa droite
vers Séménowkoï, plus de 30 000 hommes avec
200 pièces de canon. Sans cette faute, la bataille
était gagnée avant midi. Nous l'avons démontré dans
nos observations sur la bataille de la Moskwa.

11° « L'Empereur connaissait mal le pays ; les
cartes existantes étaient détestables. L'armée ne marchait que sur les grandes routes, tandis que, à l'exception des marais du Pripet et de ceux qui bordent
les deux rives de la Bérézina, on trouve presque partout des chemins praticables en Russie, circonstance
dont l'ennemi a bien su profiter. »

Ce qui est vrai pour la Russie, à partir du Dniéper,
mais non pour la partie de la Lithuanie qui fut le
théâtre de la guerre, et où la grande armée ne put

suivre que deux routes, celle de Wilna à Wiltebsk par Glubokoë et Kamen, et l'autre, de Grodno par Novogrodek et Ygumen. A l'exception d'une ou deux communication transversales de la première à la deuxième route, il n'en est plus que d'impraticables pour des corps nombreux. Le général Okouneff et le colonel Boutourlin en conviennent pleinement.

12° L'Empereur a commis la faute capitale de ne pas réunir les corps des maréchaux Magdonald, Oudinot, Gouvion Saint-Cyr et Victor, sous un seul chef vigoureux et capable. Ces 100 000 hommes morcelés n'ont rien pu faire qui vaille sur la Dwina. Réunis, ils eussent détruit Wittgenstein et assuré la position au retour. »

Il eût peut-être mieux valu que les 100 000 hommes eussent été sous le commandement d'un seul chef; mais nous dirons que, répartis ainsi qu'ils l'étaient, ils pouvaient obtenir d'excellents résultats : nous l'avons établi dans nos précédentes observations. Quant à l'action qu'ils devaient exercer sur le retour, le général Jomini sait bien que le général Wittgenstein n'aurait nullement pesé dans la balance si le prince de Schwartzenberg avait été à son poste. Ce qu'il y a de remarquable, c'est que, dans son résumé, le général

Jomini ne dit pas un seul mot sur la conduite du général autrichien, et pourtant il n'ignorait pas qu'elle eut une portée immense.

13° « Dans la campagne de Russie, l'Empereur n'a pas été en dessous de sa haute renommée. Il ne s'est pas jeté en aveugle dans des contrées inhospitalières ; il avait pris des mesures pour pourvoir à tout. L'énormité des distances, celle des masses, celle même des préparatifs, tout a tourné contre lui. Ses forces étaient prudemment échelonnées, et il ne s'est point abandonné en aveugle à une pointe ; il l'a osé, mais après avoir préparé tout ce qui était à la portée de la prévoyance humaine. »

Ici notre tâche est remplie, et si dans notre travail sur la Bérézina, nous avons été plusieurs fois obligé de nous répéter, il nous a été impossible de faire autrement, car nous avions à combattre les opinions d'historiens de mérite, qui présentaient les mêmes faits sous d'autres points de vue, et avec des modifications assez importantes ; de là nos redites qui paraîtront fastidieuses et qui pourtant étaient inévitables. Comme nous l'avons dit dans les premières pages de notre article de la Bérézina, nous n'avons eu d'autre but que de signaler des erreurs assez notables, qui ne

devraient pas exister dans des histoires sérieuses ; de
dire quelles furent les véritables causes qui rendirent
le passage de la Bérézina ce qu'il fut, et surtout de
démontrer que l'empereur Napoléon n'y fut pas au-
dessous de ce qu'il avait été jusque-là, ainsi que le
veulent à tort plusieurs historiens. Au surplus, nos
lecteurs pourront juger, par les paroles qu'il adressa
à ses lieutenants lorsque, le 5 décembre, il partit de
Smorgoni pour la France, comment il appréciait la
campagne de Russie ; paroles que nous reproduisons
et qu'il faudrait pouvoir graver dans la mémoire, tant
elles sont remarquables : « Je vous quitte, leur dit-il,
mais c'est pour aller chercher 300 000 soldats.
Il faut bien se mettre en mesure de soutenir une
seconde campagne, puisque, pour la première fois,
une campagne n'a pas achevé la guerre.... *Et pourtant à quoi cela a-t-il tenu !* Quinze jours après l'ouverture des hostilités, la paix devait être faite à Wilna;
mais Bagration et ses 40 000 Russes ont pu se dégager
de nos mains, et vous savez à qui la faute ! — Le mois
suivant, Smolensk était tournée, surprise et pas un
soldat russe n'était là pour nous en fermer les portes.
Ce grand coup de main pouvait encore ramener le
cabinet de Pétersbourg au parti de la paix ; mais on a

donné le temps à Névéroffskoi d'atteindre Smolensk, d'y recevoir Raeffskoi, et finalement d'être secouru par les deux grandes armées russes. Nous prenons Smolensk, et Barclay de Tolly, pour gagner Moskou, allait être forcé lui-même de défiler sous la longue rangée de nos canons ; mais par un vertige incompréhensible, Junot n'a pas voulu occuper la position essentielle. Pétersbourg, sacrifié, se trouvait à la merci de la moindre patrouille suédoise ; mais voilà que Bernadotte rêve de se faire empereur à ma place ! Moscou tombe enfin dans nos mains. C'était, cette fois, le gage de la paix, mais les mèches anglaises le changent en un monceau de cendres ! — Je me charge alors du rôle de l'ennemi, je fais porter des paroles de conciliation ; mais l'empereur Alexandre, à qui je m'adresse n'est plus le même homme que j'écoutais à Tilsit, quand il me demandait la paix !... Nous nous décidons à la retraite, et nos réserves sont disposées de manière que toute armée ennemie qui voudrait se placer sur notre chemin doit être écrasée !... Mais vous savez l'histoire de nos désastres, et combien est petite la part que les Russes y ont prise. Ils peuvent bien dire comme les Athéniens de Thémistocle : « *Nous étions perdus si nous n'eussions été perdus !...* » Quant à nous, notre

unique vainqueur c'est le froid, dont la rigueur préma-
turée a trompé les habitants eux-mêmes! Les contre-
marches de Schwartzenberg ont fait le reste! Ainsi,
l'audace inouïe d'un incendiaire, un hiver surnaturel,
de lâches intrigues, de sottes ambitions, quelques
fautes, de la trahison peut-être, et de nombreux mystères qu'on saura sans doute un jour, voilà ce qui
nous ramène au point d'où nous sommes partis? Vit-
on jamais plus de chances favorables dérangées par
des contrariétés plus imprévues! *La campagne de
Russie n'en sera pas moins la plus glorieuse, la plus
difficile et la plus honorable dont l'histoire moderne
puisse faire mention.* »

Qu'ajouter à cet exposé si lumineux, si complet, où
peu de mots disent tant de choses! Pas même une
syllabe, car le vieux soldat de l'empire, d'Austerlitz à
Waterloo, conserve un trop religieux souvenir de
l'homme, grand comme le monde, pour se le permettre.

www.ingramcontent.com/pod-product-compliance
Lightning Source LLC
Chambersburg PA
CBHW051306060726
47596CB00001B/248